我用阅读教育孩子

周 璐——著

中信出版集团 | 北京

图书在版编目（CIP）数据

我用阅读教育孩子 / 周璐著 . -- 北京 : 中信出版社 , 2019.3（2025.5重印）

ISBN 978-7-5086-9907-3

Ⅰ . ①我… Ⅱ . ①周… Ⅲ . ①读书方法—青少年读物 Ⅳ . ① G792-49

中国版本图书馆 CIP 数据核字 (2019) 第 004380 号

我用阅读教育孩子

著　　者：周璐
出版发行：中信出版集团股份有限公司
（北京市朝阳区东三环北路 27 号嘉铭中心　邮编　100020）
承 印 者：北京通州皇家印刷厂

开　　本：880mm × 1230mm　1/32　　印　　张：10.5　　字　　数：228 千字
版　　次：2019 年 3 月第 1 版　　印　　次：2025 年 5 月第 14次印刷
书　　号：ISBN 978-7-5086-9907-3
定　　价：48.00 元

目录

第三章 阅读赋予孩子卓越的品格 / 139

第四章 阅读培养孩子优秀的习惯 / 193

第五章 阅读给予孩子不同的人生视野 / 263

序言

阅读是最有效的教育工具

各位家长朋友，您好！

我是有书少年的总编辑周璐，曾任中信书院副总经理，北大《后E视野》主编。之前我是一位资深媒体人，曾采访过比尔·盖茨、雷日科夫（苏联前总理）、柳传志、林毅夫等国内外众多知名企业家、政治家、经济学家、思想家。

云舟是我的女儿，今年13岁，是一个小诗人、小作家，北京初一女生，迄今在《语文导报》《中国少年作家》等媒体发表了30多首诗歌、数篇散文和一部中篇小说《四月里的摇船调》。2017年年初，云舟获得中国少年作家班颁发的“百名中国少年作家”称号，2018年8月成为首批中国少年签约作家。

最近，很多妈妈都在问我同一个问题：“你是如何培养云舟的？”在此，我想引用朱熹的一首诗：“半亩方塘一鉴开，天光云影共徘徊。问渠那得清如许？为有源头活水来。”这个源头就是阅读。

今天，阅读的重要性已经得到了绝大部分家长的认可，很多家长都已经认识到了阅读对于语文学习的重要性，阅读对于写作的重要性，阅读对于增长孩子的见识、开阔孩子的视野、开启孩子的心智之不可替代的作用。

而通过与云舟十多年的同读历程，我更深刻感悟到，阅读的作用不仅限于此。

我先给大家分享几个关于云舟的小故事。

前一段时间，手机游戏“王者荣耀”盛行中小学，不少孩子都沉迷其中。为此，云舟的数学老师还在家长会上讲过，他早上六点登录“王者荣耀”，就发现班上有不少孩子已经在上面各就各位。有同学把手机递给云舟，对她说：“你试试吧，可好玩了，肯定会让你废寝忘食的！”云舟接过手机玩了一小会儿，就对这个同学说：“没啥意思！”“怎么回事？怎么大家都觉得好玩的东西，你不感兴趣？”云舟答曰：“我觉得无聊！你看看，这里面好多东西都是错的！不信？你去看看《三国演义》。”

六年级上学期，云舟参加了 PET（全国英语等级考试）的补习班（因为很多重点中学都要求学生通过 PET 考试）。在长达六个月的上课时间里，教室后排齐刷刷地坐满了妈妈爸爸，他们都在认真听讲记笔记，唯独我从来没有列席过。半年之后，云舟顺利通过了 PET 考试。

云舟班上有一名同学因为家庭发生变故，心理出现了很大波动，在家休学长达一年半。在孩子的父母和老师都流露出失望甚至绝望的情绪时，云舟却一直给她写热情洋溢的信，带同学去她家找她玩，制造各种机会与她邂逅，和她玩耍，跟她聊天，从不言放弃。最终，这个孩子重新回到了集体，回归了校园。班主任在云舟的评价手册上写道："你是那么善良仁爱，不畏困难、坚持到底。"

让很多孩子头疼、让家长焦虑的写作，云舟更是得心应手。她一直把写作看成抒发内心感受、与世界沟通的一个重要手段，所以，在课业繁重的六年级，她仍然开始了她的长篇小说《明镜》的创作。这于她，俨然是一种减压和娱乐的方式。她说："我的诗就是我内心飞出的歌，我的笔就是我心底奔腾的河。我要用它们告诉这个世界，我就是我，是不一样的烟火，是这世间独一无二的乐歌！"

于是，很多妈妈都在问我："你平时工作挺忙的，看你也没有在云舟身上花多少时间啊！那么，我们这些全职妈妈都普遍头疼焦虑的教育问题，你是如何轻松化解的？”

我笑着说：“我用的方法呢，说轻松也轻松，说不轻松也不轻松。说轻松，是因为，我基本就是用从小带着云舟阅读的方式，解决了她成长过程中的很多问题；说不轻松，是因为，从云舟一岁半开始，我就开始为她选书，与她同读，至今为止，云舟已经阅读了近1000本中外好书。这是一个很漫长的系统工程，它不像弹钢琴、学舞蹈、学英语那样只要上一段时间的兴趣班，就能收到立竿见影的效果，它需要科学的方法、系统的学习，需要家长尤其是妈妈数年来坚持不懈的付出和努力。”

一本好书，可以培养孩子好的学习习惯和做事习惯，过一个有准备的人生；一本好书，可以教会孩子如何与老师、同学相处，如何获得好人缘；一本好书，可以点燃孩子的人生梦想，让他们从小心怀远大；一本好书，可以教会孩子何谓勇气和坚持，何谓团结与协作；一本好书，可以让孩子学会在逆境中开怀大笑……

我曾在一次线上的少年阅读分享活动中这样说道：“读好书，

交好友，是少年时代最重要的两件事。读到一本好书，对于一个少年来说就是遇到了一位睿智的老师、一个可信的朋友，能带着他穿越时空看到过去与未来的模样，能和他一起携手走过迷茫的年少时光，这无疑将对他的一生产生不可估量的影响。”

好的阅读能带给孩子家长们所给不了的人生智慧，好的阅读对于孩子的人生观和世界观的形成、品行和情操的培养、情商的提升、道德的完善、习惯的养成等等都将起到不可估量甚至是决定性的作用。正如大文豪雨果所言：“书籍是造就灵魂的工具。”

我们可以环顾周围，身边的那些优秀少年，没有一个不是热爱阅读的。

因为，一本好书在孩子的成长过程中绝对是一位比家长更有说服力的人生导师，它可以取代家长成千上万句的唠叨和说教，孩子由此可以完成自我教育的过程，从而实现教育的最高境界，还可以改善日趋紧张的亲子关系。

所以，我认为，在这个几乎每个家长焦虑不已的当下，阅读是解决孩子成长问题的唯一可能的万能钥匙，阅读是最有效的教育工具。

“可是，我们都很重视孩子的阅读呢。”

“对啊，给他买了好多书，他也不怎么读，好像也没见到什么成果。”

有不少妈妈这样对我说。

那是因为，开卷有益的时代已经过去。在这个书籍质量良莠不齐、家长望子成龙的时代，孩子的阅读是有上、中、下品之分的。

中品的阅读，是指孩子的阅读书目主要为学校推荐的书目，或亲朋好友推荐的图书，主要目的是完成学校规定的任务，为了提升语文成绩、考试加分。

而下品的阅读，是指那些对孩子的阅读书目没有甄别和选择的阅读，或者是家长强制性的阅读，抑或是那些带有太多功利色彩的阅读，轻者让孩子没有收获、浪费时间，重者将伤害孩子的阅读兴趣，让孩子产生抵触情绪，最终让孩子放下书本。

在十多年对云舟的阅读指导中，我愈加发现，上品的阅读是针对孩子的个性特点，为其量身定制推荐一些好书，有针对性地解决其成长过程中的问题，并让孩子始终保持涉猎广泛，用书本为其打造一个少年通识课体系，其目的是用阅读去覆盖学校教育的缺失和不足，把孩子培养成一个能面向未来的优秀人才。这样的阅读，才会让孩子受益终身。

所以，只有上品的阅读才能成为解决孩子成长问题的万能钥匙，而如何让孩子拥有这把钥匙，可是有大学问的。

这些年来，我在云舟的阅读实践中不断试错、不断总结、不断反思，并对全球优质的少年阅读体系不断学习，逐渐摸索出了一些门道。例如，首先给孩子选对书，再用科学系统的方法和孩子一起坚持阅读，不断讨论、不断学习，终将收到事半功倍的效果，孩子成长途中的很多难题也都将迎刃而解。

我将这些年的所思所得一一梳理出来，最终形成本书，抛砖引玉，希望家长朋友们能从中有所启发和收获，并能和我一样，用阅读的方式解决孩子成长过程中的很多烦恼和困惑，帮助他们开启一个美好的未来。

我也想把云舟和一些优秀少年读过的好书推荐给更多的家长朋友。这些书虽然大部分不是学校规定的必读必考书目，但是它们却实实在在地给了孩子们很多很多，帮助他们开阔了视野，格局和胸怀、增长了见识，帮助他们成为今天的自己！

希望这一本本凝聚了人类无穷智慧的好书，能化为一盏盏明灯，照亮孩子们前行的路。

我坚信，家长悉心地耕耘孩子的阅读，总会等到收获的那一天。终有一天，孩子会感谢你，助他养成热爱阅读的终身习惯，并把一位位“好朋友”“好老师”介绍给他，这是给他的最好的成长礼物。

而我们这些做家长的，也将在与孩子的同读和自我阅读中汲取更多的人生智慧，获得不断前行的力量。

周鹏

2019. 1

第一章

阅读教育：解决孩子成长路上的一切难题

孩子掉下的成绩，可能都是从小欠下的阅读账

葛天宇是云舟的好朋友，是北京文汇中学的一名初二学生。他个头不高，亮晶晶的眼睛总是满含笑意，举手投足间透着机灵淘气，一开口说话就让人喜欢。他可实实在在是个“别人家的孩子”！

他是一名小小外交官，作为优秀少年代表向国外大使教授中国文化。拥有很多外国朋友的他练习英语的方式很特别——用英语解释古诗给外国友人听。他是各大电视台文化类节目的热门人物。在江苏卫视的《一站到底》中，他一路披荆斩棘，与众多成年选手对决，最终面对终极选手——智能机器人“汪仔”，给人留下了深刻印象。

他是央视《2016少年读书会》“中国读书少年”总冠军，不惧各路专家老师的高难问题，把枯燥的历史故事讲得活泼生动；他是个小作家，在2013年“书香未来——为少年儿童推荐一本好书”活动中，他为《酷虫学校》写的推荐文章入选了全国“30篇优秀推荐文章”，还获得了丰厚的奖金，现已陆续在《知识与力量》、《我们爱科学》和《中国少年儿童》等刊物发表文章；他是个科学小达人，在第十二届中国少年科学院“小院士”课题研究成果中，被聘为“中国少年科学院小院士”，所研究的课题荣获一等奖；最

重要的是，他还是个小学霸，无论历史地理，还是数学物理，都是他喜欢和擅长的科目。

这样的少年恐怕是天才吧？天宇的妈妈却说，他其实真的非常普通，之所以能成为今天的葛天宇，都是阅读和实践相互积累的结果。

童年和少年时代是孩子各项能力发展的黄金期，其中最为重要的是学习力的培养，而让所有人梦寐以求的学习能力，90% 以上需要通过阅读力的培养而得以提升。

全民阅读的倡导者聂震宁先生在他的著作《阅读力》中，首次提出了阅读力的概念。他认为，阅读力就是一个人的学习力、思想力和创新力，阅读力的培养实际是对人们思维能力的培养。

在国际上，包括中小学生的国际学生评估项目（PISA）等指标性评价中，阅读能力一直是最为重要的项目之一。可以说，阅读力与"智商""情商""财商"等概念一样，是现代人特别需要提升的能力。

《全日制义务教育语文课程标准》中明确规定：学生"九年课外阅读总量应在 400 万字以上"，其中，小学阶段阅读总量应不少于 150 万字，平均每人每年读 45 本左右。

2017 年 9 月，全国小学和初中统一使用"部编本"语文教材。全国教材主编温儒敏透露：

1. 考试命题大大增加阅读题量，不是题目的数量，而是要求学生做完的题的体量，悄悄增加了 5%～8%。

2. 考试的阅读面涉及哲学、历史、科技的内容，阅读的要求远远高出了语文教学平时教的水平。

“没有阅读能力的孩子，升学要吃大亏。”温儒敏表示。苏联教育家苏霍姆林斯基曾说过：“一个不阅读的孩子，就是一个学习上潜在的差生。”更重要的是，阅读力是终身学习能力的具体体现，是在未来社会不被淘汰的重要基石，是获得人生幸福与快乐的重要法宝。

阅读力就是学习力

现在已读初中二年级的天宇是个小小社会活动家。为了参加一些活动或录制节目，他不得不占用一些学习时间甚至是课堂时间，但这从来没有影响他的学业成绩。这让老师和同学们都很惊诧，大家都很想探究其原因。

有一天回家后，天宇对妈妈说：“我发现，现在阅读真的挺重要的！我们的数学卷子上都有古文题了，语文、历史、政治的卷子上也都是大段大段的阅读题，可真是了不得！”妈妈就问：“那你觉得自己能适应吗？”天宇答：“没问题啊！我可是阅读高手！”他想了想，又说：“我可不喜欢那种成天就知道刷题、死记硬背各科知识的学习方式，我有自己的学习方法，只要在考试前复习一会儿就行了！”妈妈笑着说：“可别吹牛啊！”果然，期中考试天宇排名全班第三，到期末考试时，就全班第一了。

有一段电视访谈的视频最终帮助我们揭晓了天宇成为学霸的秘密。主持人问天宇："到目前为止，你觉得，你读的书，对于你对世界的认知、对于你的学习有哪些帮助？"

他的回答异常精彩：

从文科开始讲起吧。我阅读了历史书籍，对历史就会感兴趣。为何国家的朝廷从西迁到东，从北迁到南，这个国家就会灭亡？这是个历史问题。为何北方总有游牧民族打进来？这就牵涉地理因素。那朝廷为何要南迁或东迁呢？这就牵扯了政治因素，可能牵扯很多人的政治核心利益，这个时候你政治就学好了。所以，知识是融会贯通的。

因此，哪怕只是单纯地读文学或历史方面的书籍，只是增加对语言和思想的敏感性，那对于语文还有史地政的学习都是大有裨益的。

再说理科吧。理科中，我喜欢物理，比如量子物理。世间的很多东西只有在你看到它的时候，才从很多状态坍缩成了一个状态，即你看到的那个状态。

所以，所谓的科学和所谓的文学实际上都是在探索这个世界，是在一座山上往上爬，只不过一个在南坡，一个在北坡，总有一天，它们都会汇聚到山顶上来。

做一个从容的家长

首先，我们父母需要摆正自己的心态，不要被那句“不能让孩子输在起跑线上”误导。学习是一场马拉松，人生更是一场马拉松，拼的是智力、体力、耐力和毅力，拼的是视野、见识和格局，拼的更是心态。欲速则不达。

云舟在小学低年级时成绩也就是中等水平，数学还一度考过70多分，可我并没有着急上火地给她报课外辅导班、找家教，而只是安安静静地让她好好阅读。到了六年级上学期，云舟的语文、英语成绩一跃成为全年级第一，数学也一改落后面貌，俨然成了一匹黑马。班主任老师让我去家长会上介绍经验，我说云舟是“厚积而薄发”。

我们做家长的，在小学阶段要尽量从容一些，不要过分在意孩子一时的学习成绩，而应该着眼于他更加长远的未来，着眼于对孩子一生最重要的能力的培养。

对于一个孩子，他应该掌握的最重要的能力是什么？也许有人回答是学习能力，是考高分的能力，是与人交往的能力，但我一直认为，阅读是一个孩子应该掌握的最重要的能力。

在这个知识更新飞速的年代，唯有终身学习才能立于不败之地。而阅读就是实现终身学习的最关键的方法。

《人民日报》曾刊文，表示“初中掉下的成绩，可能都是小学欠下的阅读账”。我们身边有不少家长从小学低年级起就狠抓孩子的学习成绩，让孩子把大量的时间都投入作业和补习班中，并满足于孩子所得到的高分。其实，这样做对孩子是一种巨大的损失。

因为，孩子在这个阶段的好成绩是一种假象，那只是多次机械性刷题的结果，孩子的心灵却因没有受到好阅读的浸润而缺乏真正的理解、思考和想象的能力。到了高年级后，孩子终究会因为阅读量的缺乏和阅读力的缺失，让成长失去动力，就好比一辆燃料不足的跑车，自然不可能在人生的赛道上跑得多快多远，更不可能插上双翼，展翅高飞了。

中国知名哲学家周国平先生曾在接受北京景山学校《通讯》小记者采访时说："我觉得我学生时代最大的优点就是爱读课外书，我后来的全部所谓成就都是从这个优点发展起来的。"

硅谷钢铁侠埃隆·马斯克已经是神话般的人物，他的壮丽人生可以说也是以阅读作为起点的。他童年所在的比勒内斯堡是南非东北的小城市，藏书量有限，以他的阅读速度，他小学阶段几乎读完了图书馆的书。马斯克跟家人一起去购物，经常发现他中途不见了，他妈妈说，一定能在附近的书店找到他。

9 岁的时候，马斯克就开始看《大英百科全书》。他还有过目不忘的本领，只要看过的内容就能熟记于心。他的童年玩伴曾经提到过，马斯克小时候能随口说出月亮到地球的距离，把其他孩子都吓坏了。

当马斯克决定造火箭时，他跑进图书馆，找了一大堆发黄的旧书，研究航天工业及背后的物理原理，详细列明了建造、装配和发射一枚火箭需要的成本。火箭研发中需要攻克很多知识的难关，他都通过读书做到了。

如何培养孩子的阅读力

既然无论是升学还是未来社会都对孩子的阅读力提出了前所未有的高要求，那么，我们做家长的如何培养和提升孩子的阅读力呢？

一、引导孩子坚持深阅读

最近有不少妈妈对我表示，她们在孩子的阅读量和阅读速度上感到焦虑，因为身边有的孩子一年能读完100多本书，平均每周读3本，自己的孩子每周还读不到1本。我告诉她们，孩子的阅读，切不可囫囵吞枣，只看一个故事或听一个故事，像一阵风似的在脑子里横穿而过，什么都没留下。孩子的阅读，追求的应该是质量，而不是数量。

阅读，分为浅阅读（泛读）和深阅读（精读）。对于一些较为浅显的图书，建议孩子用泛读的方式，花上不多的时间快速阅读，而对于一些有难度、有深度、孩子又特别感兴趣的大部头图书，建议采用深阅读的方式：

1. 在读之前，可以查阅资料或是用看纪录片、看电影等方式，了解作者的生平，这本书的历史背景，这本书的历史地位、影响和价值，为阅读做一个有效的导读。

2. 在读的过程中，父母可以给孩子提几个问题，鼓励孩子带着问题去阅读，也要鼓励孩子对书中的内容提出问题，对作者的观点加以质疑，这非常有利于培养孩子的批判性思维。遇到不懂的地方，可以查阅工具书等找出答案，遇到精彩之处，可以反复阅读甚至背诵。

3. 读完之后，一定要和父母、同龄人讨论书中值得思考、值得回味的地方，或是拿起笔写下自己的所感所悟，对本次阅读做一个总结和升华。

事实证明，坚持深阅读的孩子，几年之后，他的理解力、学习力、表达力等都远远超过了那些只是浅阅读的孩子。

例如，葛天宇 6 岁时迷上了听“东周列国”的评书，听完了还不过瘾，就让妈妈买回《春秋五霸》和《战国七雄》，开始啃起了大部头。小小的他还不能理解书中的很多含义，就问父母、问老师，想方设法弄懂为止。最终他花三年时间啃完了这两部大书，成就感满满。

上三年级后，天宇读了《基督山伯爵》《明朝那些事儿》《少年天子》，后来开始啃读《史记》、《古文观止》和《资治通鉴》等大书。这些非常有阅读难度的大书，每一本他都坚持用深阅读的方式，坚持做读书笔记，坚持和父母分享读书心得，这样的阅读练就了他的深度阅读能力，也造就了今天的葛天宇。

二、阅读和表达相结合

葛天宇的妈妈讲了天宇成长中的几个小故事：

天宇4岁时，最爱看的一套书是《可怕的科学》。书里面有好些巫婆和海盗的故事，他反反复复地看了好多遍，都能倒背如流了。到了幼儿园，他就追着小朋友说："我给你一块糖，你听我讲可怕的科学故事吧！"

走在大街上去问路，他向指路人道过谢后，总是要给人讲一小段"可怕的科学"，因为他觉得这是表达感谢的最好方式。后来，他们一家搬到了北京。每到周末，父母就带他去首都图书馆、博物馆、科技馆等处参观，还参加了大量科普、文学和艺术类活动，通过各种方式把从书里所学再输出，这样书里的知识就在小天宇的心里日益鲜活起来了。

由此看来，仅仅孩子一个人安安静静地阅读是远远不够的，还需要家长鼓励孩子利用各种机会，把书中的故事、知识和道理讲出来，这一方面能帮助孩子加深对书中内容的理解和消化，另一方面也能极好地锻炼孩子的思考力和复述、归纳、概括能力。

三、阅读一定要与实践结合

阅读不意味着读死书，阅读和实践相结合，方能产生最佳的化学效应，为孩子的成长加足燃料。只有连接书内和书外的世界，知识才能转化为智慧，思考才能转化为行动，素质才能转化为能力。

2017 年寒假，天宇被选派到湖北省恩施土家族苗族自治州咸丰县唐崖镇民族中学去支教。他作为小老师，给那里初三的学生讲历史课。在课上，他给大家讲了许许多多从小在各种课外读物上读到的历史故事。孩子们都被他生动诙谐的语言、活泼有趣的讲解吸引住了，课堂上常常响起热烈的掌声。临走时，大山里的孩子们都和这位可爱的小老师依依惜别。

“阅读，原来不仅仅传递着知识，更传递着情感和共鸣。”天宇说，“持续大量的阅读拓宽了我的知识面，开阔了我的视野。结合我平时经常参加的社会实践活动，我不断体会到‘学而时习之’和‘习而再学之’的乐趣与成就感。生命是一场伟大的蜕变。我现在还是一只小毛毛虫，读万卷书，行万里路是我不懈的追求。我会努力实现自己的梦想，蜕变成一只有思想、有态度的腹有诗书气自华的蝴蝶！”

但愿每一个孩子都能在阅读和实践中完成这样的蜕变，但愿每一位家长都能给孩子更多一些自由支配的时间，让他们在上各类培训班之余，能深度阅读一些有价值的好书，这其实才是培养学习力的最佳途径。

用书“喂”大的孩子，不叛逆

常常听身边的很多家长谈起：

> 孩子好像是在为我们学习，非常不情愿。
>
> 一玩上手机兴致勃勃，一打开书本就哈欠连天！
>
> 孩子对学习是应付了事，如何才能让他爱上学习？
>
> ……

我认为，家长们所谈到的这些让他们头疼焦虑的问题，从表面上看是孩子不热爱学习的问题，探究深层的原因，是孩子的学习缺乏内在驱动力的问题。

全球趋势专家丹尼尔·平克在他的著作《驱动力》里写道：“人有三种驱动力，第一种是来自基本生存的需要的生物性驱动；第二种是来自外在的动力，即奖罚并存的萝卜加大棒模式；第三种是来自内在的动力，也就是内心把一种事情做好的欲望，是想要主导自己的人生、学习并创造新事物，通过自己把我们的世界变得更好的内在需求。”

无数事实表明，第三种驱动力是最能激励和调动人的根本积极性的方法。所以，只有我们家长真正激发起了孩子的内在驱动力，孩子才能真正开始主动学习，而不是被家长的外在动力驱动学习，孩子才能从学习中体会到收获感、成就感，而不是痛苦感，孩子才能为了自己的梦想不懈努力，不言放弃。

从我的实践来看，激发孩子内在驱动力的最有效方法是让孩子多读几本伟大人物的传记。

“会当凌绝顶，一览众山小。”孩子们只有读过了伟大人物的人生故事，才能领悟何为精彩的有价值的人生；孩子们只有攀上了巨人的肩膀，才能看到这世间更多的风景；孩子们只有与伟大的灵魂对话过，才能找到真正的人生榜样，点燃自己的人生梦想。所以，我主张，年少的孩子一定要读一些大部头的人物传记。

哪些传记适合孩子们阅读

也许很多家长朋友会问，让孩子们读大部头的名人传记，这是否太难了。

给大家分享一个我女儿云舟的故事：她在二年级暑假，迷上了读《哈利·波特》，读得昏天黑地、废寝忘食，她对书的作者J.K. 罗琳也产生了浓厚的兴趣。于是，我又为她找来了《J.K. 罗琳传》。读完此书后，云舟说了这么一句话：“原来《哈利·波特》是在那么艰苦的环境中写出来的啊！”三年后，云舟再次读完这本传记，写下了她的感受：

罗琳在人生的最低谷，面对生活的压迫，还能坚持自己的梦想，不灰心、不放弃，最终创作出了伟大的作品！而在她人生的最高峰，她没有迷失自我，坚持创作，低调生活。她说，自己梦想的欢乐就是美满的家庭，自己最珍视的就是和家人共度的时光，她一直和家人过着平常人的生活。

罗琳在功成名就后不忘初心，回报社会。她说，自己永远不会忘记那些在贫穷和失业中挣扎的日子，尤其同情那些靠社会救济金养育孩子的单亲母亲，她一直在用自己的力量帮助她们！

从这本书中，我了解了 J.K. 罗琳所经历的磨难和困苦，也读懂了她在磨难中得到的坚持和智慧！她真是一位了不起的女性。我认为，她是 21 世纪最伟大的作家之一！我希望，自己以后也能成为一位如此伟大的作家！

之后，云舟真的是向着自己定下的这个目标不断迈出稚嫩却扎实的一步又一步，并初见成效。

每本书都是一粒种子，种在了孩子的心田。我相信，一本优秀的人物传记，不仅可以丰富孩子们的知识，增长他们的见识，更能点燃他们的人生梦想，帮助他们找到人生的榜样，不断激发他们的志气，给他们以直面人生困难的勇气，增加他们的人生智慧。所以，在每个少年的成长途中，读优秀的人物传记是必修课。一部好的人物传记，对少年的心智启蒙、品格塑造所起的作用是不可估量的。

那么，哪些人物传记是适合孩子们阅读的呢？

一、能激发孩子的创新力、学习力

世界上所有的美好事物都是创造力的果实。伟大创客们的人物传记，能培养孩子的创新思维，守护孩子的好奇心，让梦想的光照亮现实。

读《硅谷钢铁侠》，孩子们可以看到埃隆·马斯克在一次次的失败中是如何重整旗鼓、东山再起的，这无疑会激起孩子们对于未来科技的兴趣、对于创新的憧憬与渴望。马斯克在创业历程中所展现出的智慧、勇气、创新精神，敢于冒险，不惧失败，改变人类未来命运的使命感和责任感，相信每个孩子读后都会深受感染、备受鼓舞，这将在他们的心灵里悄悄种下一颗梦想与勇气的种子，点亮他们的未来之路。也许几十年后，他们就成了下一个改变世界的人。

读《乔布斯传》，孩子们可以看到乔布斯一生中所展现出的智慧、勇气，敢于冒险，不惧失败，为所爱的事业拼尽全力，直到生命的最后一刻。人的一生，需要找到自己所热爱的事情，并为之持续努力，不断创新，永不放弃。

二、能提升孩子的抗挫力

没有谁的一生能一帆风顺，学会在逆境中生存，是孩子的人生必修课。好的人物传记可以帮孩子管理好情绪，免受负能量的影响，积极乐观地面对人生起伏，实现逆风翻盘。

读《苏东坡传》，孩子们可以领悟到，人生不如意之事十有八九，但我们可以做到的是，像苏东坡那样，在逆境中学会自得其乐，学会开怀大笑。

《梅西传》讲述了从矮小症男孩到天才球星，梅西一路走来的故事。这不仅关于足球，更关于激情与梦想、执着与坚守。在他身上，能看到所有追梦人的影子。

三、能提升孩子的领导力

领导力本身就是影响力。它是能够站在全局考虑问题，知道如何开展团队合作，懂得如何把资源聚合在一起，实现目标的能力。

读《撒切尔夫人传》，孩子们可以看到撒切尔夫人是如何从杂货店老板的女儿一步步成为英国名垂史册的女首相的，她用强烈的热情和执着向孩子们展示了一个个奇迹，而那句“我要战斗下去，直到胜利为止”也会成为他们面对困境时的力量之源。

四、能提升孩子的社会责任感

读《德兰修女传》，孩子们可以触摸到一颗伟大的灵魂，更会学到何为社会责任——对于我们生存的这个星球，我们要学会不仅仅向它索取，对它指手画脚，更要用实际行动去回报它，用无私的践行去改变它。

优秀的人物传记，能帮孩子快速了解一个陌生领域，展示多维生活，提供更多人生场景和选择；能让孩子全面触摸人生的宏大图景，在历史大格局中找寻真实的自我；能让孩子感受人性的光辉和成功的必备品质，打造完整的少年心理成长体系；能让孩子深刻感受苦难不是个体的不幸，而是成功者的必修课，让孩子在人生的关键时刻，更加淡定从容。

如何读传记

人物传记往往叙事宏大、篇幅较长，这会给年幼的孩子造成很大的阅读困难，他们容易读不下去，读不完，或读完后不知所云。所以，需要借助一些“工具”帮助孩子们在阅读传记时厘清人物的人生轨迹，发掘人物的闪光品质。

有三个工具可供孩子们使用：

第一个工具：带着问题去阅读

带着问题去阅读，就是读之前家长需要对本书提几个重要的问题，让孩子带着这些问题进入书中。读完之后，孩子要对所读内容进行归纳、总结和思考，给出相应答案。这样的阅读能让孩子收获更多。

在云舟阅读《J.K. 罗琳传》之前，我给她提了三个问题：

1. 罗琳为写《哈利·波特》做了哪些准备？
2. 罗琳是在怎样的情况下完成第一本书的写作的？
3. 功成名就后，罗琳如何面对自己的创作和生活？

《J.K. 罗琳传》记录了“哈利·波特之母”J.K. 罗琳跌宕起伏的一生，从她的童年、少年、青年时代到她最困苦、最黑暗的岁月，直至她逆转人生，取得空前的成功。而这三个问题，能帮助阅读者找到书中最核心的部分，梳理全文的脉络。

第二个工具：人物大事记

伟大人物的人生故事大都跌宕起伏，充满传奇。为了不让孩子在阅读时陷于众多枝节中，而是找到人物的重要人生节点，做人物的大事记是一个颇为有效的方法。

例如，云舟在读完《J.K. 罗琳传》后，在我的指导下，完成了“J.K. 罗琳大事记”。

人生之路

1965 年 7 月 31 日，乔安妮·凯瑟琳·罗琳出生于英国格温特郡。

小学时，她的学习成绩很好，尤其阅读成绩很突出，6岁时写了第一篇故事《兔子》。

1976年，罗琳进入中学，是一个戴眼镜的小女孩，相貌平平，学业优秀，有点害羞。她曾说，赫敏·格兰杰身上有她的影子。从那时起，她渴望成为全职作家。

1983年，勤奋好学的罗琳考上了英国埃克塞特大学，主修法语和古典文学，并获得了文理学士学位。

1987年，大学毕业后，她在很多公司做过秘书，但都是糟糕的秘书，因为她总在构思自己的小说。

1990年，在去伦敦国王十字车站的途中，罗琳突发灵感，《哈利·波特》在脑海中形成雏形。

1991年，罗琳去葡萄牙的波尔图做英语老师。1992年，罗琳与当地的年轻记者乔治成婚。1993年7月，罗琳生下第一个女儿小杰西卡。

1993年11月，罗琳与乔治的婚姻破裂，她带着4个月大的女儿和《哈利·波特》系列笔记，辞职回伦敦。回伦敦后，靠朋友资助，她住进一间鼠患成灾的老公寓，申请了每周69英镑的救济金。在咖啡馆里，罗琳开始了《哈利·波特与魔法石》的创作。

1995年，罗琳完成了第一部《哈利·波特》，并历经波折找到了出版商，于1997年在英国出版，大获成功。

成名

1998 年，《哈利·波特与魔法石》在美国出版，成为排名第一的畅销书。

罗琳又先后创作了《哈利·波特与密室》(1998)、《哈利·波特与阿兹卡班的囚徒》(1999)、《哈利·波特与火焰杯》(2000)，并参与同名系列电影的制作。这些作品的陆续问世，不断刷新着世界小说发行史的纪录。

慈善

2000 年，她向全国单亲家庭委员会捐赠了 72 万美元，并担任其发言人。

2001 年 4 月，为了纪念她的母亲，她又为“多发性硬化症协会”捐了 25 万英镑。

这个人物大事记以时间为顺序，清晰地勾勒出了罗琳这位伟大女作家的人生路径，帮助孩子达到了“把书读薄”的目的。人物大事记也可以借助思维导图用更简便的方式来表达。

第三个工具：人生曲线图

伟大人物的一生往往都充满曲折、历经坎坷。如果孩子能找到伟人人生的最低点和最高点，并总结出在这些人生节点上，他们都是如何面对的，将对孩子们产生巨大的启发。

例如，在做完罗琳的人物大事记后，云舟总结：

罗琳的人生最低点是：

1993年11月，罗琳离婚后带着4个月大的女儿，辞职回伦敦。她只能住在一间鼠患成灾的老公寓，靠救济金生活。当时，走投无路、身无分文的罗琳对自己说："我就写个故事吧，就写个故事。事情已经这么糟了，还能糟糕到什么程度呢。"就这样，罗琳开始全身心投入写作中。

罗琳的人生最高点是：

1998年，《哈利·波特与魔法石》在美国出版，轰动世界。之后的近十年里，罗琳先后创作了《哈利·波特》的后六部。这套书风靡全球，热度经久不衰，成为全球青少年最爱阅读的书，创造了一个个奇迹。

当云舟把这个最低点和最高点接连起来后，对着这条起伏巨大的曲线，她不由得惊呼："天哪！罗琳本身就是一个奇迹！！能实现这样的人生反转，真是太了不起了！"而我提醒云舟，罗琳在人生的最低点和最高点是如何面对生活的，更值得她思考。

激发孩子的内在驱动力

“你长大后想做什么？”这是每个家长都会问孩子的一个问题。因为，每一位家长都期望自己的孩子心怀梦想。“我想当科学家！”“我想当飞行员！”“我想当艺术家！”……每个孩子都会有自己的回答。

那么，是否每个孩子都拥有自己真正的梦想，都深刻理解自己的梦想；是否都清楚，为这个梦想必须付出怎样的汗水和艰辛、痛苦和煎熬；是否都明白，在人生的关键时刻，自己应该何去何从；是否都领悟，在人生的每一个低谷和巅峰，应该持有怎样的态度。

我想，这就是让孩子读人物传记的真正意义。那些闪耀在人类历史星空的伟大人物，最适合担当孩子们的人生导师，为他们指明前路的方向。

罗曼·罗兰在《贝多芬传》的前言里写道：“切勿过于怨叹，人类中最优秀的和你们同在。汲取他们的勇气做我们的养料吧！”

一旦孩子们找到了自己的人生榜样，确立了自己的人生梦想，他们内心向上向善的力量就会被发掘出来，他们的内在驱动力就会被激发出来，他们就能从外向驱动型学习转变为内在驱动型学习，就会为自己的人生跑车点燃引擎，不断向前，不再感到学习是一件痛苦的事情，不会再为一点点小挫折就想要放弃。到那个时候，我们家长就可以备感轻松了！

老师不喜欢我怎么办？让我们从书中找找答案

孩子上学后，每个家长最大的心愿就是孩子能遇到一位好老师，期盼着孩子能在学校里得到如父母般的关爱，得到如阳光雨露般的滋养，得到最大程度的包容与呵护。老师是雕刻师，把爱、智慧和勇气刻进孩子们的人生；老师是魔术师，把一个个顽皮的孩子变成另外一番模样；老师是摆渡人，载着孩子们驶过美好的童年，再亲手把他们送进人生的下一个车站。古往今来，关于赞美老师的诗句不胜枚举，关于孩子受到老师的培育从此改变人生轨迹的故事也有很多很多。

但事实上，在孩子长达十多年的学生生涯中，会遇到各种类型的老师，他们有的温柔，有的严厉，有的活泼幽默，有的不苟言笑。每个孩子都不可避免地会受到老师的批评甚至惩罚，他们会伤心、委屈、难过、哭泣。那么，我们家长该如何面对这样的时刻？是一味地批评和指责孩子，还是去和老师争执？这实在是考验我们的智慧。如果处理得不得当，会伤及孩子的自尊心和自信心，在他们的心里留下阴影，影响他们的健康成长。

家长应该如何处理好与老师的关系？又应该如何帮助孩子处理好与老师的关系？这是一个特别敏感又特别重要的话题，也是家长应该学习的一课。

家长应该如何处理与老师的关系？

我们常常看到的情况是，家长在处理和老师的关系时容易出现两类问题：一是把老师的话奉为圣旨，唯命是从，不敢表达自己的任何看法，并且也教育孩子这样做，甚至用私下送礼的方式来讨好老师；另一类是觉得学校的老师观念陈旧，教育方法落后，所以常对孩子说“别听你们老师的，他那套不行，听我的就好”。显然，这两种父母的处理方式都存在着偏颇之处。

我认为，作为一个有智慧的父母，在处理和老师的关系时需要把握的原则是：

一、合理表达，充分沟通

举个我自己的例子。云舟读幼儿园的时候非常淘气，常常上课的时候和同学说话，觉得上课的内容无趣，就跑到教室后面一个人玩了起来，睡午觉的时候唱起了歌。总之，她是个让老师头疼的孩子。老师曾皱着眉头对我说：“她怎么像个小男生一样呢！”

幼儿园中班快结束的那个夏天，幼儿园的园长和班主任老师找我谈话。园长微笑着委婉地说：“云舟妈妈，我和张老师（化名）都觉得云舟不太遵守课堂纪律，组织纪律性较差，再加上她的确比大部分同班同学小一岁，明年还不到上小学的年龄，所以，我们讨论了一下，觉得让她留一级，可能对她更好一些。”

我在心里暗暗吃了一惊，飞快地转动了一下大脑，然后问：“老师，除此之外，云舟还有什么突出的缺点吗？”张老师答道：“其他倒也没有什么了，云舟很聪明，也很善良，和小朋友们相处得也很好。”

“哦，这样啊。”我停了一下，想好了自己的措辞，“两位老师，谢谢你们对她的关心。但作为家长，我不同意云舟留级，因为这样做，会极大地挫败孩子的自尊心和自信心。而这些对她的成长至关重要。至于云舟的课堂纪律性较差，我相信，随着她年龄增大，会逐渐改变的，我们也会配合你们，重点培养孩子这方面的能力。关于你们所说的上学年龄的问题，我们会想办法解决。”

园长和张老师对视了一下，然后园长说：“那这样吧，云舟妈妈，我们就尊重您的意见，不让她留级了。希望她以后加强课堂纪律。”我长舒了一口气，微笑着说：“谢谢您的宽容和理解！”

我其实一直对中国的幼儿园教育中过分强调孩子的组织纪律性持保留意见。孩子们生就天真烂漫、活泼好动，强制性地要求他们背着手，笔直地在小板凳上，一坐四十分钟，实在是件太难的事，但是出于对老师们的尊重，我并没有和他们正面争执过。但我知道，在现阶段我不应该对云舟在这方面提出过高的要求，这是对她天性的保护和尊重。所以，回到家后，关于此事，我对云舟只字未提。

老师和父母的出发点都是希望孩子健康快乐地成长，只是由于彼此在某些教育观念上的不同，会在某个具体教育问题上出现观点分歧，这是正常的，父母在此时应该和老师坦诚沟通，说出自己的真实想法，不要因为顾及老师的面子而不敢表达，最终导致伤害孩子，那就是大错了。

二、充分尊重老师，对于老师和学校的要求积极配合，认真执行

对于这一点，大部分家长都是这么做的，在此无须多言。这样做的益处是显而易见的，家庭教育和学校教育形成合力，共同培育出优秀的少年。

如何帮助孩子处理好与老师的关系

一、用阅读这个工具，告诉孩子“老师爱你”

云舟上幼儿园大班后，我决定给她读一读《窗边的小豆豆》，因为她和书中的主人公小豆豆实在是有几分神似！小豆豆是个调皮捣蛋又充满童趣的小女孩，她可爱、单纯、善良、淘气、贪玩，然而却因不遵守课堂纪律被退学了。一个全新的“巴学园”接受

了她。

巴学园的大门是用矮矮的树做成的，巴学园的教室是一个个废弃不用的电车车厢；巴学园的午餐是“山的味道”和“海的味道”；巴学园的孩子们被要求穿着旧衣服来上学，这样就可以尽情玩耍而不用担心衣服被弄坏了；巴学园的教学方法是，每天孩子们都可以从自己喜欢的课程开始自修，下午大家集体出去散步，学习地理和自然，夜晚还会在大礼堂里支起帐篷露营，大家边听音乐边跳韵律操；巴学园的学生可以在课余时间爬树，“旱田老师”被请来给孩子们讲课；巴学园里的活动新奇多彩，比如别出心裁的运动会、紧张刺激的“大冒险”。新奇好玩的“露营”“泡温泉”……这里的一切都是那么与众不同。

听我读着巴学园里一个个有趣好玩的故事，云舟对巴学园的一切都那么喜欢、那么神往，她不止一次地发出感叹：“要是我以后能去巴学园读小学就好了！”

“为什么想去巴学园呢？”

“因为那里有小林校长啊！我好喜欢他！”

的确，巴学园里神奇的一切都是小林校长创造的。他第一次见小豆豆，就对她说：“好了，你跟老师说说话吧，说什么都行，把想说的话，全部说给老师听听。”于是，小豆豆就对小林校长整整说了四小时的话。校长先生在这么长的时间里，没有打一次哈欠，也没有露出任何不耐烦的样子，而是一直专心地听着。从那时起，小豆豆感到生平第一次遇到了自己真正喜欢的人！和校长在一起，小豆豆感到非常安心，非常温暖。

而最让云舟感动的是，每当校长先生看到小豆豆，总会对她说："你真是一个好孩子！"于是，小豆豆就高兴地认为，自己的确是一个好孩子。其实，小豆豆常常做一些让老师和家长大伤脑筋的事情，比如把电车教室地板上的盖子掀起来，把垃圾扔进去，比如看到地面上铺的报纸，欢快地跳上去，结果跳进了厕所里……但是发生这种事情的时候，校长绝不会把小豆豆的爸爸妈妈请到学校里来，而都是在校长先生和学生之间解决。云舟感叹："要是我在学校里做这种事，肯定会被罚站两节课，而且马上就被请家长了！"

"你真是一个好孩子！"在巴学园的日子里，小林校长不断地对小豆豆说着这句话。"真是"两个字背后的含义是，虽然别人觉得你还不是一个好孩子，但你有好多好的地方，老师理解你。所以，小豆豆也就有了"我是一个好孩子"的自信。

小豆豆的原型、作者黑柳彻子后来回忆说："一直到现在，这句话是怎样激励着我，支持着我啊！它对我的鼓舞无法估量！如果不是这句话，我恐怕做什么都会被贴上坏孩子的标签，被自卑的心理包围，直到长大吧！"

每每读到此处，我总会摸着云舟的头发，温柔地对她说："你真是一个好孩子！""我知道的，妈妈！"云舟也温柔地回答。

后来直到上六年级，我才轻描淡写地跟云舟说起："你在幼儿园的时候，老师差点儿想让你留级呢！""真的，还有这种事，我怎么不知道？”云舟瞪大了眼睛。

“是的呢，我去跟园长谈了话，坚决反对让你留级，因为，妈妈始终认为，你是个好孩子！后来，我和你一起读了《窗边的小豆豆》，发现你和小豆豆的经历真的有几分相似呢！我很为自己庆幸，因为我当时的做法和小豆豆妈妈的做法是完全一样的，我们都保护了你们那颗幼小的稚嫩的敏感的心灵。”

云舟听完我的话，红了眼圈。她抱着我，低声说了一句：“谢谢你，妈妈！”我说：“宝贝，其实，每位老师都认为‘你真是一个好孩子’，只不过，有的老师把这句话告诉了你，有的老师则把这句话埋在心里，而用更严厉一些的方式来教育你，那是因为，他们认为这样才是爱你的正确方式；但不论怎样，每一个老师都是爱自己的学生的，你一定要明白这一点！”

二、倾听孩子的诉说，尊重并引导孩子的想法

当孩子向父母诉说他们在处理与老师的关系中发生的烦恼和困惑时，父母一定要俯下身来，认真倾听，并且表示出对孩子足够的理解和尊重，也需要向他人了解一下情况，做出一个理智的判断。

上小学一年级时，云舟曾几次回家跟我说：“妈妈，我发现某位老师不喜欢我！”我就问她：“那么，你今天做错了什么吗？”她有时候说，“上课的时候，我在老师批评同学的时候笑了一声”，有时候说，“我今天在做眼保健操的时候睁了睁眼”，或者说，“老

师写黑板的时候，我和同学说了句话”。

我给她分析：“没关系，那是因为你犯了小错，老师批评了你一下，下次改了就好。要有一颗强大的心，才能经受得起老师的批评。”过了一段时间，云舟跟我说：“妈妈，那些小毛病我都改了，可是那位老师还是不喜欢我！”她一副委屈的样子，很是闷闷不乐。在孩子水晶一般的心灵里，他们把老师视为神一般的存在，所以当他们付出了努力的时候，最渴望得到的是老师的认可和肯定。

我想了想，对她说：“宝贝，有时候，我们喜欢和不喜欢一个人是没有太多理由的。老师也是人，也有自己的喜好。老师不喜欢就不喜欢吧，没有关系的！事实上，不用让每个老师都喜欢你，就像你不可能得到这世上每个人的喜爱。在妈妈小时候，也有一些老师不喜欢我的。”

“真的吗？听外婆讲，你小时候可是标准的三好生啊！”

“是的，记得在初中的时候，我的外语老师就不喜欢我，虽然从初一下学期开始，我的外语成绩不论是期中考试还是期末考试都是 99 分（满分 100 分）。当时，我也难过了好一阵子，怎么都想不明白，外语老师怎么就不喜欢我呢。后来，我自己就想通了，老师不喜欢就不喜欢吧，没什么大不了的。我学习，不是为某位老师而学习，而是为自己的未来，所以老师不喜欢我，并不能影响我的学习兴趣和学习热情，反而我要学得更好！”云舟听完我的话，陷入了思考。

对老师足够尊重，认真听讲，努力去完成老师布置的每一项任务，但不用刻意去讨好老师，这也是我们需要告诉孩子的原则。

三、真诚对待老师，把老师当作朋友

00后们表示，他们最喜欢的是把老师当作朋友，彼此可以无话不谈，可以一起组团去完成某项任务，一起欢笑，一起流泪，一起经历难忘美好的岁月。

云舟的班主任冯老师在孩子们小学毕业后，给他们写了一封信，其中有这样的句子：

> 还记得吗？我们一同在操场上玩撕名牌游戏，你们教我如何放飞简易飞行器。你们的耐心教导，让我这个动手能力比较薄弱的“学生”在一次次地失败与练习后，有了成功的体验！谢谢你们！
>
> 还记得吗？那年我们游颐和园，你们探索到了一条充满挑战的线路，一次又一次地比赛奔向山顶。好奇的我也想尝试，可刚爬一小段就体力不支，想放弃。有几个贴心的“小伙伴”，放弃了与其他同学的比拼，决定陪着我。你们帮我选好走的路段，告诉我可以脚下踩实的技巧；我实在爬不上去的地方，你们会拉着我，鼓励我。终于，我爬到了山腰！谢谢你们，是你们让我体会到了“学困生”的彷徨、无助；谢谢你们，是你们让我明白了等待、陪伴对于一个生命来说是

何等重要！谢谢你们，你们的善良与爱心，让我达到了我无法达到的地方！从那次开始，我就告诉自己，我也要更加耐心地陪伴与等待你们！

其实，每个老师也都渴望着和孩子们建立起如朋友般的彼此信任、彼此关爱、彼此成就的关系，那么真诚地如朋友般地对待老师是处理好师生关系的另一个好方法。

四、如何给老师“送礼”

该不该给老师送礼？如果送，送什么最合适？这是让家长颇为头疼的一件事。很多家长都表示，如果别人都送，自己家不送，是否会对孩子不利？

关于非常敏感的“送礼”这件事，我曾很坦诚地和好多老师交流过，他们都纷纷表示，不需要家长送跟“金钱”相关的礼物。当然，很多学校都明文规定，不允许老师接受此类礼物。况且，家长如此送礼的行为如果被孩子知晓，多多少少会对他们的心理产生一些负面影响。但如果孩子送的是自己亲手做的跟“感情”相关的礼物，老师们从心底里是非常乐意接受的。

举个例子，在云舟的语文老师生日那天，云舟送给了老师一幅她自己画的老师肖像画。那是一张油画，画中的老师俏皮可爱、笑容可掬，神态略显夸张。老师接过这份“礼物”时感动不已。当孩子希望对老师表达感恩之情时，这种传递着孩子的真心真情的“礼物”，才是我们父母应当鼓励孩子去准备的。

师生之间送给彼此的最珍贵的礼物则是“爱”。正如冯老师在给云舟全班同学的那封离别的信里写道的:“也许我们真的拥有神奇的力量，那就是对彼此发自心底的爱！在我心里，你们早已成为我的家人，所以，这封家书，送给最最单纯可爱的你们！感恩我们彼此陪伴的日日夜夜！感恩我们彼此经历的欢乐、伤悲，抑或愤怒、遗憾，这一切都是那么宝贵，因为这一切都是由爱串联着的！感恩我们曾在最美好的季节，遇见并陪伴最美好的彼此！”

我曾对云舟说过，一个真正的好老师，能够让你感受得到，他对你怀有满满的爱，有深深的期望。他对你所做的一切，无论是批评你还是表扬你，都是基于此的。

附一首云舟的小诗《白云之端》，这是她写给老师的诗。

青春若是一段旅途，
您便是旅途中的光影；
青春若是一次航行，
您便是海湾中的塔顶。

追梦的路上难免荆棘，
感谢有您，
带我们跨越青春的沼泽。

成长的途中往往彷徨，
感谢有您，
让我们做一个不再孤独的旅人，
心中有梦，梦中有光。

学子生涯中，
感谢有您，
让我们心中有暖、有爱、有彼此的信任，
做一个有灵魂有思想的人。

谢谢您，
亲爱的老师，
您的呵护备至，
让我梦想的云端充满爱的阳光。

谢谢您，
敬爱的老师，
您的灿烂笑容，
照亮了我前方的路。

用阅读让孩子告别拖延症

最近，好几位妈妈都跟我说起，他们的孩子在假期里早上不起，晚上不睡，成天就喜欢玩手机、看电视，不好好写作业，不爱读课外书，为此他们没有少跟孩子生气、着急，甚至对孩子吼叫，但似乎都收效甚微。

他们都问我，云舟是否出现过这些问题。我笑着对她们说："云舟有时候晚上遇到她喜欢读的书、喜欢看的电视节目，也会晚睡晚起，但我想这是暑假，应该让她放松一些、自由一些。但是，她从来没有出现过不写暑假作业、不看课外书的情况，因为她清楚自己的任务是什么、目标是什么，她会按照自己制订的暑期规划表一步步地做。"

我总是想，对孩子来说，之所以在假期里出现这么多让人着急的问题，归根到底，是因为他们还没有学会时间管理。

什么是时间管理？那是一种高效地、有序地管理自己的时间，让自己的效率最大化，在规定时间内完成既定目标的能力，是所有高效能人士必备的能力，也是要想成为学霸的学生最应该掌握的能力。

可以说，掌握了时间管理的能力，就等于拿到了打开成功之门的金钥匙。环顾周围，我们可以发现，成功人士无一不是拥有卓越的时间管理能力的人。而这个能力，孩子们越早掌握，就能越早让他们开始拥有幸福的人生。

对于云舟，我也是这样要求的。在她还在读学前班的时候，我就试图用一本书来告诉她时间管理的重要性和基本规则。幸好，她经过实践后明白并掌握了这些时间管理的原则，也开始养成独立学习的习惯，并且告别了拖延症。

用一本好书讲清楚时间管理的原则

当时我给云舟讲的那本书就是《快乐儿童的7个习惯》，它是风靡全球的《高效能人士的7个习惯》的少儿版，书中所讲述的7个习惯已经被全球数亿人奉为做人做事的“黄金准则”，被誉为“能改变命运的7个习惯”。这7个习惯，既适用于职场上的成年人，也适用于成长中的青少年，更适用于人生刚刚起步的儿童，让他们从小开始过一个有准备的人生。在美国，《快乐儿童的7个习惯》被引进中小学课堂，成为孩子们的必读书。

关于时间管理，书中给孩子们讲了一个故事：

星期一，猫头鹰老师在上完生字课后，给同学们布置作业：每晚复习一遍今天所讲的6个生字，星期五考试。结果，从星期一到星期三，每天下课后，尖尖都和小伙伴们开心地玩，把复习生字的事情忘到了脑后。到了星期四晚上，尖尖玩完游戏后终于想起来要复习生字，可那6个生字却像小鱼一样在他眼前游来游去，怎么都记不住了。

第二天的考试当然可想而知，尖尖只写对了1个生字。猫头鹰老师自然很生气，好朋友苏菲则建议他："你应该先做要紧的事，把功课做完，然后再去玩。"这一次，尖尖听从了苏菲的建议，他拒绝了兔子跳跳一起去玩的邀请，专心在家复习生字，终于在第二个星期五的测验中得了满分。

这个故事告诉了孩子们一个最重要的处理学习与玩耍的原则：先工作，后享乐。每天先完成自己的学习任务，然后再去做自己喜欢的事情，只有这样，我们才不会像尖尖那样在考试前手忙脚乱、一事无成，我们才会学得好、玩得好，做一个让别人羡慕的人。

作为家长，我们不能代替孩子去过人生，唯一能做的，就是告诉他们我们的人生经验，让他们变得更加优秀、更加适应社会。而对待学习，我们首先要告诉孩子的就是：当有一大堆事情需要我们去做的时候，我们不能任性地先去做那些轻松好玩的、不重要的事情，而是要找到最重要的、最紧急的事情，首先去完成。

先工作，后享乐——这将是让孩子受益终身的一个习惯，因为一旦养成了这个习惯，就能从容地管理自己的时间，从容地面对学习、考试，成为各方面都优秀的学生。

这也是我想说的关于时间管理的第一个要点，让孩子开始理解并开始实践“先工作，后享乐”。之后，我给出的第二个建议是：

用工具具象化时间

对于年少的孩子来说，时间绝对是一个很抽象的概念，因为时间摸不着、看不见。你让孩子学会管理时间，他会不知从哪里开始下手。所以，我们要把抽象的时间具象化，用孩子们喜欢的具体的形象来表示时间，进而让孩子们开始学会分配和管理自己的时间。

把时间具象化的方法有很多。例如，在我女儿上小学之前，我用的是画苹果的方法。

我和她一起，把每天属于她的时间画成了一个大苹果。里面涂成红色的部分，是她的学习时间；里面涂成绿色的部分，是她的自由时间。我通过这个图告诉她，如果她越能高效地完成她的学习，那么她所拥有的绿色的自由时间就会越多，她就有更多的时间去做她喜欢的事情了。

后来，云舟就爱上了这个看似游戏的时间管理法。每天下课后，她都会给自己画一只大苹果，在里面画出自己的学习时间和自由时间各是多少。每每按时完成了目标，她会画一个代表胜利的笑脸，而我则会在苹果旁边给她贴一张小贴画，作为小奖励。如果每周云舟集满了5个贴画，我们便会在周末满足她的一个合理要求，例如陪她去动物园等。我们称这个奖为“高效能儿童奖”。于是，她的成就感与日俱增。

随着孩子的成长，我们还可以时时转变时间管理的工具，选择更适合孩子年龄段的工具。仍以云舟为例，在她进入小学之后，很明显，对“画苹果”失去了兴趣，她觉得应该用更成熟的方式来管理自己的时间。于是，我给她准备了一个“时间日志”，每页上都标注上时间段。每天放学后，云舟都会把当天的各科作业、她要参加的课外活动、她的玩耍计划等按照“先工作，后享乐”的优先级原则一一排在上面。每完成一项，她就打一个钩。每天睡觉前，我都会检查她当天的日志，如果发现有没有打钩的作业，就会让她马上补完才可以睡觉。

在特殊的时期，比如期末考试前夕，我也会手把手地带着女儿做期末的复习时间表，而这个时候，我们采用的又是“时间轴”。

我找来了一张大白纸，画了三个时间轴，代表语、数、英三科。“以语文为例，共有8个单元的内容，那么每周我们需要复习完4个单元的内容，最后一周，我们做总复习。”我一边说，一边用不同的彩色笔在时间轴上标出每一周的复习目标，然后再和她一起，细化到每一天的复习目标。

之后，云舟每完成一个小目标，就在相应的时间轴标记上颜色。等到快期末考试时，三大时间轴上已经涂满了颜色，花花绿绿的，让人很有成就感。而每一个学期，按照此方法，她都能顺利完成期末复习。

到现在，云舟已经熟练掌握了时间轴的应用，每逢期末就独立制作图表，独立完成期末复习的各项内容，不用我再操心。

而在寒暑假的时间管理中，云舟用的是“时间计划表”：上面的内容五花八门——旅行、与同学聚会、游泳、打网球、做志愿者等等，每一项都有完成的时间节点。如果计划有变，她会及时调整。升入高年级后，她还把此方法运用到很多班级任务管理中，和她的小团队一起成功完成了不少项目，诸如办班报、组织晚会等等，就不一一细说了。

在孩子了解了时间管理的方法和工具后，我还有第三个建议，那就是：

用带团队的方式管理孩子的时间和学习

前不久看到一则新闻，说是一个妈妈陪孩子写了三年作业，最后竟然气出了心脏病，进医院做了心脏支架手术。这看似一则笑话，但其实真的反映了很多父母的无奈。

我认为，陪孩子写作业，是一个完全错误的行为。我们来做一个假设，如果你在工作的时候，你的老板或者领导一直坐在你的旁边，对你不停地唠唠叨叨，指手画脚，你会不会觉得心烦得要死？不要说有创造性的工作了，就连最基本的工作恐怕都难以完成吧？

对孩子，也是如此。他们也需要被信任、被尊重、被理解。所以，在对待写作业乃至学习这个问题上，我给出的建议是，要像带团队那样管理孩子。

第一个原则是信任、放权。从孩子写作业那天起，就告诉孩子，我相信你自己一定能很好地完成作业，很好地完成自己的学习任务，你一定要学会独立地完成自己的事情。

第二个原则是目标管理。对于孩子的某个具体的学习任务，家长给出具体的完成时间和完成目标，比如写语文作业，家长可以给孩子定下目标：在6点前完成，错误在3个以内。

有了明确的目标之后，第三个原则就是制定奖惩措施，并严格执行。家长需要和孩子约定好，如果孩子在规定的时间内很好地完成了目标，会获得怎样的奖励，如果孩子没有按照规定的时间完成目标，将会受到怎样的惩罚。家长一定要说到做到，给出的奖励和惩罚一定要到位，不能食言。

在执行的时候，还有两个注意事项：

一、具体执行时，做父母的一定要狠心“逼”一下孩子，不能太心软。

我就碰到过这样的问题，在云舟刚开始写作业时，她总是喜欢开小差，我就在旁边给她放置了一个小闹钟，当过了规定时间她还没有完成作业时，我就会收走她的作业本，让她第二天把没写完的作业本交给老师。这样执行过两次之后，云舟就知道了妈妈的“厉害”，彻底改掉了写作业磨蹭的习惯。

二、不陪写作业，但和她一起做时间管理表。

我们做家长的不陪孩子写作业是对孩子的信任，但在孩子开始学习做时间管理表时，我们一定要和他在一起，要教会他这种时间管理的方法。一旦孩子掌握了这种方法，就能成为一个高效能的学生，未来就能成为一个高效能的职场人。到那个时候，对于孩子的学习和生活，我们就大可不必操心太多了。

最后，总结一下，让孩子学会时间管理的三个步骤是：

一、用一本好书《快乐儿童的 7 个习惯》给孩子讲清楚时间管理的原则：先工作，后享乐。

二、学会使用时间管理的工具。

三、用管理团队的方式管理孩子的时间和学习。这里还有三个原则：1. 信任、放权；2. 目标管理；3. 制定奖惩措施，并严格执行。

这么多年过去了，“先工作，后享乐”已经成为我和云舟之间的黄金通用语言。每当云舟学习累了想要偷懒，或是我工作累了想懈怠的时候，这句话就成为我们鼓励彼此、鞭策彼此的黄金语言。每每说起它，我们都会发出会心的微笑。

培根曾说过：“既然习惯是人生的主宰，人们就应当努力求得好的习惯。习惯如果是在幼年就起始的，那就是最完美的习惯，这是一定的，这个我们叫作教育。教育其实是一种从早年就起始的习惯。”

读书与写作，只隔了一层纱的距离

总有妈妈找我聊“写作文”这个话题，说孩子写作文就是她们的一大难题，常常是孩子抓耳挠腮，妈妈着急上火，家里弥漫着火药味。她们向我取经：“你是怎么培养云舟的写作的？”

我认真回顾并梳理了这些年来对云舟的写作教育，总结如下：

首先，我们要告诉孩子为何要写作。这也是值得每位父母思考的问题。

大概大部分孩子的写作都是从写人生的第一篇作文开始的。这样的写作，让他们从一开始就觉得写作是一项打分的作业，是一项必须完成的任务，于是从心底产生了抵触情绪。作文，自然也就成了一门苦差事，没有兴趣可言。

而真正的写作，一定是作者循着自己的内心，有强烈的表达愿望，并能在此过程中感到莫大的愉悦。也就是说，写作是写给自己的，是写出自己的想法和情感，分享自己的内心感受与人生经历，写出自己对生活的理解。只有先写给自己，孩子们才能感受到写作给自己带来的乐趣，才能从心底爱上写作。孔子说：“古之学者为己，今之学者为人。”

写作力是需要从小开始培养的能力，它绝不仅仅是指写作文得高分的能力，而是指能运用书面文字，准确、清晰、流畅地表达个人观点、见解、思想和情感的能力，是沟通力、思维力、领导力的书面表现形式，是孩子在未来社会中获得成功的不可或缺的能力。所以，对于写作力的培养，值得每一位家长高度重视。

激发孩子的写作兴趣

为什么写作文会成为很多小学生的负担，会成为让家长焦虑的事？是因为孩子们从心底不喜欢写作，对此毫无兴趣。要从小培养孩子的写作力，就要激发起孩子对于写作的兴趣。只有孩子对写作产生了兴趣，他才会愿意从“说点什么”开始，慢慢过渡到拿起笔“写点什么”。

方法一：做一本孩子的“童年语录”

从云舟幼年时期开始，我就很注意启发她自由地表达自己的想法和感受。她经常说一些让我们意想不到的词句，每当这时我就赶紧用笔记下来，慢慢地越记越多，就整理成了云舟语录，记在一个漂亮的大本子里。

2010 年 7 月 11 日

一位老奶奶问丹丹（云舟的小名）："你的梦想是什么？"丹丹答曰："我的梦想是让地球上的每个人、每个小朋友都生活得快乐！"哇，这是多么崇高的境界！

2010 年 8 月 18 日

丹丹说："妈妈，我不想长大。"妈妈问其缘由，丹丹答曰："因为我长大了，妈妈就老了，所以我不想长大！"妈妈大为感动，答："丹丹大了，妈妈也不会老！"丹丹说："对，我给妈妈买人参吃，妈妈就会长生不老！"

2010 年 9 月 16 日

丹丹说："妈妈，我们彼此相爱，所以要彼此珍惜。"

2011 年 7 月 25 日

丹丹和爸爸一起探索恐龙的奥秘。丹丹问："恐龙是怎么灭绝的？"爸爸答："是小行星撞击地球，引起大面积的火山云，最终导致恐龙灭绝。"丹丹又问："那会不会是外星人踢足球没踢准，球掉到地球上来了？"

妈妈和爸爸大笑："有可能哦！"

2011 年 7 月 28 日

爸爸给丹丹买了本新书——《果子狸的传说》。讲完故事，爸爸问丹丹："你变成果子狸好不好？"丹丹答道："我是妈妈的孩子，干吗要变成果子狸？妈妈把我养这么大，多不容易啊！"

后来，每隔一段时间，我就打开这个大本子，把这些语录读给她听。每每念完，她便瞪大了眼睛，骄傲地说："妈妈，我说得真好！是不是？"她还指着那个大本子："你看！我都有自己的第一本书了，对不对？"我点点头，竖起大拇指："是的，宝贝，你真棒！"我还告诉她，现在是妈妈帮你写，以后你就可以写自己的第二本书、第三本书了！

帮孩子做"人生的第一本书"，是我们给孩子的第一次写作启蒙，也是我们帮孩子收藏的第一份人生记忆，弥足珍贵。

方法二：写日记——把日记作为最好的朋友，向它倾诉

云舟读学前班之后，老师要求他们每天用拼音写日记。刚开始时，她觉得太难了。我就鼓励她："你看，你小时候都写了一本书了，只不过现在老师要求你们用拼音自己写，而不是妈妈代你写了，但写的内容都是你每天想说的话啊！所以，没有什么难的啊！"

从那之后，云舟就不再害怕写拼音日记了，而且养成了写日

记的习惯，不是每天都写，而是有感而发，记录那些她认为值得回忆的生活片段。她给自己的日记本取了一个好听的名字，叫“艾丽莎”。她把它当成最好最可亲的朋友，所以也就把写日记当成了一种与好朋友倾诉、抒发情感的放松方式。她有时写道：“艾丽莎，今天我有一件高兴的事、一件不高兴的事，你想先听哪一件呢？”有时写道：“艾丽莎，又有两天没来找你说话了，你不会怪我吧？”

后来我发现，这样纯属私人的写作其实是最正确的写作训练方式。

中国知名哲学家周国平先生说，“一个人有了苦恼，去跟人诉说是一种排解，但始终这样做的人就会变得肤浅。要学会跟自己诉说，和自己谈心，久而久之，你就渐渐养成了过内心生活的习惯”，并且，这样的写作，能使人“留心并善于捕捉住生活中那些有价值的东西”。

培养写作力的方法

在激发了孩子对于写作的兴趣后，如何不断提高孩子的写作力？我们家长不要认为把孩子送进作文辅导班，或者完成老师布置的作文题目，就可以万事大吉了。我认为，父母需要认识到以下几个问题：

一、作文辅导班，要不要报？

从云舟写作文开始，就有妈妈不断地问我："云舟的作文写得那么好，你给她报的是哪个作文辅导班啊？"我总是回答："我没有给她报任何作文辅导班。要想作文写得好，可不是报作文辅导班就能解决的。"

我曾去听过两节课外机构的作文辅导课。老师在课堂上讲的是写记叙文"如何开头，如何结尾"的技巧，每个技巧都总结了差不多五个要点。然后，老师给同学们念了几篇符合此技巧的范文。不得不说，老师这样的教学的确教给了孩子们一种捷径，从此以后他们只要按照这样的方式来写作文的开头和结尾，就肯定是中规中矩的，是不会失分的。

可能从短期来看，孩子在作文辅导班里获得了一些应试的技巧，作文分数会有所提高，但是，这样的教学方法感觉像是把孩子们装进了一个"套"中，"圈"住了他们的思维。他们的无拘无束、天马行空都无处安放，他们的创造力、想象力更是被折断了翅膀。

写作能力的培养，可不是像有些功课用"刷题"的方法就可以刷出来的，写作力得以提升的关键，在于阅读的积累和人生阅历的积累，在于对世界的不断观察和深入思考。所以，从长远来看，这种应试化的作文教学显然不利于孩子的写作力培养。

二、鼓励孩子"忠实于内心地写作"

云舟上小学三年级时，有一天放学回家，神情非常沮丧。我问她是怎么回事。她说："今天我的一篇作文，自认为写得挺好的，却被老师批评说不像是一篇作文，而像是一篇散文。"

我立刻把云舟的那篇作文拿来读完，再听云舟说了他们最近作文课的教学内容，顿时明白了。客观理性地评价，云舟的这篇作文文笔流畅、感情真挚，文中用了不少排比句来描写校园秋天的美景，对于一个三年级的小学生来说是一篇好作文。只是文中没有用老师所教的"总分总"的方式来开头和结尾，所以整篇作文看起来更自由散漫一些，没有常规作文的味道。

但是，我们为何要求每个孩子所写的作文都千篇一律呢？为何不允许他们有更个性化的表达方式呢？为何要求每篇作文都像八股文那般索然无味呢？我对云舟说："妈妈觉得你的作文写得挺好的，像散文就像散文吧，散文也是好作文的一种。你不是看了好多散文集吗？"

她点点头，然后想了想："可是，这篇作文我就得不了高分了！"

"得不了就得不了呗，没什么关系，我们写作文可不是为了得高分。"

"那写作文是为了什么呢？"云舟又问。

我认真想了想说："我认为，写作文是为了记录你的美好时光，等你长大后，再打开你的作文本，你会被里面的文字深深感动，会怀念你的年少岁月。"

所以，云舟一直坚持着这种忠实于内心的写作文模式。到高年级后，她的作文慢慢得到了更多老师的肯定和赞扬，这更激发了她的写作热情和写作兴趣。

《柔性的专断：耶鲁女孩成长手记》的作者郭力老师讲过她女儿月月的一个小故事。月月在读人大附中的时候，有一段时间每逢周会就有“国旗下的讲话”，老师总让“小笔杆子”月月来写这个讲话稿。渐渐地，月月就写成了一种套路、一种模式。她妈妈就告诉她：“你别写这样的八股文了，这些太主观、太空洞的套话会禁锢你的思想和文笔。”从此，月月开始遵从自己的内心去写作，记录自己内心最真实的声音。后来，月月获得了全球华人少年作文比赛一等奖，这为她成功申请美国高中加分不少。

三、鼓励孩子“创意写作”

培养孩子的写作力，除了写作文之外，鼓励他们创意写作是一个经过实践证明的好方法。创意写作是指以一种具有想象力的、通常是独特又富有诗意的方式表达作者的思想和情感，它很符合孩子的天性，且容易被孩子接受。

当读完了《林徽因诗集》后，云舟也模仿着写了几首赞叹春天的诗；当看完青少版的《红楼梦》后，她就在草稿本上画起了人物图谱，开始动手规划自己的第一部小说；当读完《人一生要去的 50 个地方》后，她也学着自己画插图，做了一本那样的游记……我发现，往往这样的模仿背后，蕴藏着孩子最闪光的灵性和对生活最真的思考。

云舟上小学五年级后，我为她开设了个人微信公众号“云舟看世界”，那里便成了她的一块自留地。她会把自己生活中的喜怒哀乐、随想感悟都记录成文字，以诗歌、散文和小说的形式发表在上面与大家分享。慢慢地，她也有了自己的粉丝。粉丝们常常与她互动，给她点赞，留言鼓励她，或是给她打赏，这更增添了她对写作的兴趣，每周更文，乐此不疲。

云舟的语文老师冯老师的做法值得一提。冯老师组织同学们轮流写班级日记《点点滴滴·纸博客》，彼此分享难忘的瞬间。每一个同学写完后，其他同学和家长都可以在下面留言并画小插图，常常是一个同学分享的一件趣事，引发了全班的热议。孩子们的留言都十分生动有趣，充满想象。几年坚持下来，他们班的语文成绩和作文成绩名列全校第一。

“老师愿你们懂得，写作与我们的生活是那样亲近，我们绝不是为了分数或考试而写作，而是为了自己的这颗心，为了记住希望保留的瞬间，为了与别人交流思想、经历。谢谢你们发自内心地喜欢上了写作，发自内心地热爱语文。”冯老师在《点点滴滴·纸博客》的最后一页这样写道。

三步，用阅读提高写作

写作，是现代人表达思想和见解的最重要方式，它是阅读之后的产物。“读书破万卷，下笔如有神。”阅读是写作的源泉，阅读为写作积累了一个取之不尽的语言宝库和思想宝库。

当孩子有了一定的阅读积累后，他的写作能力一般来说都会自然而然地上一个台阶。但是，也有一些妈妈在问：“为何我的孩子课外书也读了不少，写作文依然很费劲？他总感觉没有东西可写，或是写出来的作文语言乏味、言之无物。这又是为何？”

我认为，这种情况是由于孩子读书过快，囫囵吞枣的结果。孩子只是读了一个故事，但书中的精华并没有被他理解、消化和吸收。读书是“输入”，写作是“输出”，只有向孩子的大脑里真正“输入”了优美的文字、深刻的思想，并被转化为孩子自己的东西后，他才能够去“输出”自己的文字和思想。那么，如何在“输入”和“输出”之间架起一座桥梁呢？

第一步：让孩子抄书、背书

我小学的时候读的是一个全国实验班，最大的实验之处是我们的语文从三年级开始就没有课外作业了，老师布置的任务就是每天都看课外书，一周看完一本，每天看完都要摘录好词、好句、好段落，不是复制粘贴，而是用手抄写在本上，然后背诵。而语文课的内容常常都是某位同学分享自己的摘录，或是讲自己的读后感悟。

几年坚持下来，我们班的同学都有了非常出色的口头表达能力与书面表达能力，语文成绩拿高分更是不在话下。至今同学聚会时，大家还对当年的语文教学模式感慨不已。每个同学都表示，后来自己的人生因当年的读书积累受益颇多。

第二步："说"读后感

现在孩子们的时间都很紧张，要求他们读完一本书就写一篇读后感是不科学的。但是，每读完一本书，我们父母都可以和他们"说一说"读后感，这对于他们的阅读输出是大有裨益的。

云舟每读完一本书，都会与我讨论书中的场景描写、情节设定、人物命运等。我常常鼓励她："你刚才说得挺好的！你用手机把这段话录下来吧！"然后，我会把这些话整理成文字。到小学中高年级后，她就慢慢养成了写读书笔记和读后感的习惯，不一定是写长篇大论，常常是读到某处的感悟和联想，只言片语而已，因为她觉得把这些记录下来，回过头来看挺有意思的，仿佛看到了自己的成长轨迹。其实，这些思想火花是最有价值的，它们唤醒了孩子的内心宝藏。

在云舟的学前时期，我没有让她学习认字，只是不断地给她念书，常常应她的要求把一些故事和段落反反复复地读给她听，所以书中很多优美的句子和段落她都能背诵。当她上小学后开始写作文时，老师惊诧于她的文字能力，而她则说："妈妈，感觉小时候你把那么美丽的词语、句子都灌进了我的脑袋里，现在，当我一拿起笔，那些词语和句子就会如泉水般流淌在我的笔尖。"

第三步：带着孩子读世界

世界是孩子的一本最美、最神奇的大书。在寒暑假，不要让孩子泡在各类辅导班里，带着他去山间乡野、城里城外四处走走，不要走马观花，而要和孩子一起用心去读世界。我相信，所听所看的一切会直接刺激他的写作欲望。

记得一位朋友讲过一件趣事：小学春游时，她正在旋转木马上心旷神怡，突然听到下面语文老师一声大喊："注意观察啊，回去要写作文的！"顿时，她眼中的美好世界黯然无光了。所以，切不可在游玩之前和游玩中给孩子布置硬性的作文任务，那样会破坏孩子的游玩心境，适得其反。

写作，一定是孩子有感而发后的自发行为，家长只能启发和引导，这是我们需要切记的。

读书、读人、读世界，如果让这样的"阅读"成为孩子从小养成的生活习惯，如果他对阅读已经"一日不见，如隔三秋"，那么，写作的难题必然也会迎刃而解了。

总结一下，培养孩子的写作力，首先要激发孩子对于写作的兴趣，然后要鼓励孩子忠实于内心地去写作，去创意写作，而不是把孩子扔进作文辅导班，阅读时要让孩子抄书、背书，阅读后要和孩子说一说读后感，带着孩子去看看世界这本大书。

"一语天然万古新，豪华落尽见真淳。"唯有如此，孩子们才能写出他们内心的文字，才能在写作中领悟人生的真义。

孩子爱玩游戏？可能都是妈妈的错

很多家长朋友都有这样的苦恼，孩子成天就喜欢玩手机，走路看，吃饭看，没写完作业就看，晚上躲在被窝里看，轻者为此父母和孩子频繁吵架，伤害亲子关系，重者孩子学业成绩下降、逆反情绪严重，极端的孩子因为父母不让玩手机而轻生，让人痛心不已。

为此，有不少家长的做法是完全把手机和孩子隔离，不让孩子接触手机。他们认为，只要这样做，就可以免于让孩子受到手机的毒害。但我认为，这样的做法，同样是不可取的，是过犹不及。

因为，在这个移动互联网时代，手机如同洪水猛兽，来势汹汹，所以让孩子们不接触手机是不可能的，他们就出生在互联网时代，是互联网时代的原住民，而手机和孩子们的学习、社交也都发生着必然的联系。

另外，很重要的一点，孩子们爱玩的手机游戏也不全是负面的、会毁掉孩子的。例如，有一款叫作“我的世界”的游戏，很多优秀少年都很爱玩，理由是玩这个游戏可以锻炼他们的创造力、想象力等。而在全球2000多所学校里，“我的世界”已然成为教学工具，在历史、地理、物理等课程中，通过还原历史场景、观察地壳运动、学习电路知识等，帮助老师教学。

所以对于孩子们玩手机，我认为，关键是家长要控制好孩子玩手机的内容以及玩手机的时长，不能让孩子沉迷其中。

因此，如何让孩子玩手机有度、有节制，受其益而不受其害，才是我们家长所面临的巨大挑战和全新课题!

方法一：让孩子找到自己真正感兴趣的事情!

前面曾给大家分享过一个我女儿云舟的小故事，她拒绝玩“王者荣耀”这款游戏，觉得生活中有更好玩的东西、更有趣的东西。

云舟觉得更好玩、更有趣的东西是阅读与写作。从她幼年起我把她带进阅读的世界后，她渐渐看到了群山之巅的风景，也结识了更多有趣有益的朋友，并慢慢把写作视为自己的挚爱，自然而然地就对手机里的那些小玩意有了天生的免疫力。

那么，云舟是如何认识到这点的呢?

其实很简单，我就是用了阅读这个好的教育工具。在刚上小学一年级的时候，她也曾感到很无聊，不知道该如何打发时光，于是，我给她读了一本书，仍是那本《快乐儿童的 7 个习惯》。不过这一次，我给她读的是另一个故事。

故事的大意是：

松鼠萨米觉得很无聊，干什么都没劲。他去找苏菲，苏菲去图书馆还书了；他去找尖尖，尖尖正躺在吊床上吹口琴；他去找莉莉，莉莉正趴在地板上画画；他去找库库，库库正在花园里观察小蚂蚁；他去找跳跳，跳跳正在家门前的小路上练习投篮……他很沮丧，每个人都在忙着做自己喜欢的事情，唯独他没有，真是烦透了！

奶奶告诉他："要自己给自己找点儿有意思的事情做，不要等着别人来帮你。"萨米受到启发，他想起自己喜欢修收音机，于是修好了一台废弃的旧收音机，把它送给病中的阿丽。看到阿丽高兴的样子，萨米觉得自己特有成就感。

故事讲完了，我问云舟："萨米是用什么方法告别了自己的无聊呢？"

她说："他找到了一件自己喜欢的事情，认真地完成，所以就不觉得无聊了。"

"而且这件事情还很有意义，对不对？"

"对！"

通过这个故事，我们可以告诉孩子：找到了一件自己喜欢的事情，认真地完成，只有这样，你才会觉得自己真正充实起来了，就不会觉得无聊了。

我们可以告诉孩子，培养自己的兴趣爱好，是告别无聊的最好方式！例如，我们可以找同学去踢球，做游戏，我们可以K歌、玩拼图、看书，在节假日我们可以去旅行，去运动，去拥抱阳光和大自然。总之，我们需要找到自己真正喜欢的事情去做。

但是我们必须告诉孩子一个原则：如果用无聊的方式来打发无聊，你就会觉得更无聊。这句话的意思是，如果你没有节制地玩手机、看电视，以此打发时光，会毫无收获，只会觉得更无聊。

特别需要注意的是，如果家长出于升学的目的，强迫孩子发展某种兴趣爱好，那只是家长的兴趣，而不是孩子的兴趣，那样做只会让孩子心生厌恶，一旦有机会就会立刻放弃，一辈子都不愿再多看一眼，这样的兴趣培养方式无疑是很失败的。真正的兴趣，一定是让孩子从心底喜欢，并能激发起他的学习动力和热情，让他愿意一直投入时间和精力去做的事情。

苏霍姆林斯基说过："如果我们力求使儿童的全部精神力量都专注到功课上去，他的生活就会变得不堪忍受。他不仅应该是一个学生，而且首先应该是一个有多方面兴趣、要求和愿望的人。"

每个人的兴趣爱好都可以广泛多样，它们不一定都能被发展成为我们的优势或特长，但是我们从对它们的由衷喜爱中体验到了热情、喜悦与快乐，它们为我们结交到了更多的好朋友，它们让我们享受和放松，它们让我们的人生变得更加充实，这就已经足够了。

方法二：和孩子商定并执行“手机约定”

我的实践经验是：家长需要和孩子达成一个“手机约定”。请注意，这个约定必须是家长和孩子协商后的约定，而不是家长单方面的规定。这个约定最好用书面的形式贴在家里的醒目位置。

“手机约定”包括三个方面：

1. 约定孩子手机上的内容

首先，父母应该掌握孩子的手机密码。家长需要告诉孩子：“由于你还未成年，你可以使用手机，但家长有监督的权力，我们需要管理你的手机使用。”

其次，约定孩子手机上的内容。

手机上的内容，分为学习程序［例如各类学习 App（应用程序）、英语词典等］、社交程序和游戏程序三大类。对于这三大内容，我们家长需要严格区分与对待。低年级的孩子（三、四年级以下）如果拥有手机，那么手机上的内容只能是与学习和阅读相关的学习程序，例如英语词典、听书软件等，不能安装任何手机游戏和社交程序。有益的手机游戏在甄选之后只能装到大人的手机上。

高年级的孩子（三、四年级以上），他的手机上除了跟学习、阅读相关的内容外，可以安装社交程序（微信）和有益的游戏程序。因为，在这个年龄阶段，孩子已经有了社交的需求，也需要有更多的独立性。但需要和孩子明确，不可以自己下载任何一款没有经过家长同意的手机游戏或任何不适合他的内容，家长需要对孩子的手机内容进行不定期抽查。

2. 约定孩子用手机的时间

整理好孩子手机上的内容后，就需要和孩子协商好用手机的时间和地点。

对于低年级的孩子，首先需要约定的是，写作业时手机不可以放在身边，玩手机游戏的时间需要约定为每天 10 分钟（家长酌情考虑）。完成作业后，家长把自己的手机给到他，到了时间家长收走手机。

对于高年级的孩子，需要跟孩子约定好，每天学习的时候，手机不可以带进学习的房间，不可以放在身边。如果需要用到词典功能，家长可以为孩子单独买一个。如果孩子某天的学习确实需要手机，则可以出于对孩子的信任，让孩子把手机带进书房，但家长需要抽查。

完成当天的学习任务后，可以按照约定，让孩子使用 30~50 分钟手机（具体时间需家长酌情把握），用于他的社交和娱乐。

有条件的家庭，可以为孩子准备两部手机，一部手机上安装跟学习相关的程序，另一部手机上安装社交和娱乐游戏程序。这样，家长就更容易管理孩子的手机使用了。

3. 约定孩子用手机的奖惩措施，并严格执行

家长需要和孩子约定好，如果孩子连续一周、一个月都严格执行手机约定，那么，孩子应该得到怎样的奖励？相反，如果孩子一周内违反约定，在自己的手机安装了不应该使用的程序，或者偷偷利用其他时间玩手机，那么将会受到怎样的惩罚？

这些奖惩措施，家长们一定不能流于口头，而要落实到位，这样才能将这个手机约定执行到位。

《正面管教》一书告诉家长，对于孩子的管理，我们需要和善而坚定。那么，对于孩子的手机使用，我们则需要和善而坚定地执行“手机约定”，而不是采取惯用的吼叫怒骂的方式。

方法三：家长自己做表率

最近，一张图片让我很震撼。在图中，一位妈妈正带着宝宝乘坐地铁，母子俩的手里拿着一本书，书中的图片旁边有这么几行字：

> 他们问她：“你是怎么劝说你的孩子去阅读而不是玩各种电子设备的呢？”
>
> 她说：“孩子们不听我们的，他们模仿我们。”

是的，孩子就是我们最真实的镜子。所以，与其我们苦口婆心地劝说孩子少玩手机游戏，不如我们自己先放下手机，不再不停地刷朋友圈、刷微博。在家里、在孩子面前，我们一定要这样要求自己。

孔子云："其身正，不令而行；其身不正，虽令不从。"

下班后回到家，让我们拿起书，带着孩子一起阅读！平日里，让我们带着孩子来到阳光下，和他一起踢球、捉迷藏，大声嬉闹；周末时，让我们带着孩子去一去博物馆、美术馆、图书馆，收获一些精神食粮，让孩子学习欣赏艺术之美、文学之美；假期时，让我们带着孩子去一去乡村、去一去户外，让他感受到这个世界的无限丰饶和美丽！

手机并不是洪水猛兽，它是一把双刃剑，如果利用得好，则可以成为孩子们学习的好帮手、好工具，社交的好朋友，如果用得不好，自然会伤及孩子的成长。

关键是我们做家长的，如何将孩子的手机使用纳入自己的掌控范围，并且首先戒掉自己无节制玩手机的不良习惯。

郭力老师认为："家庭教育的核心是家长的自我教育与自我成长。"对此，我深表认同。在这个移动互联网时代，让我们学会如何利用手机，把它变成孩子有趣有益的高效能学习工具，和孩子一起获得更多有价值的东西，例如智慧、视野、见识和社交技能。而这些东西，正是让孩子在未来的人工智能时代不被替代的最重要素养。

第二章

让孩子爱上阅读其实没你想的那么难

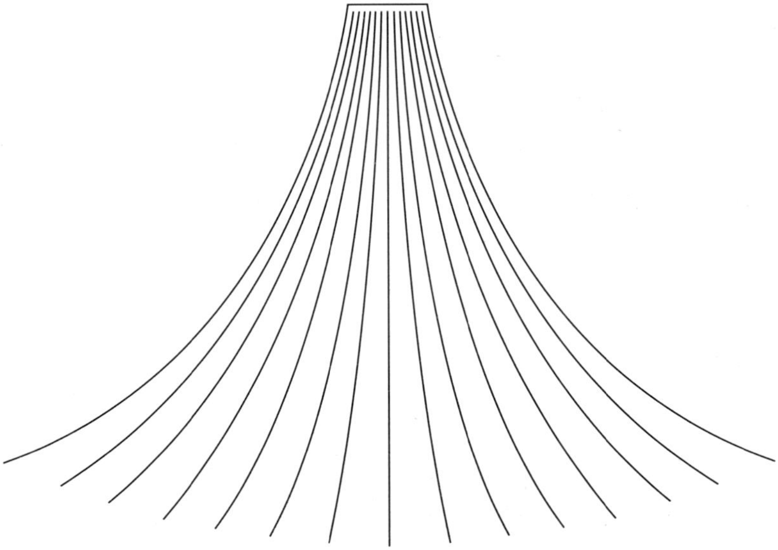

爱上阅读之前，请先学会选书

对于孩子的阅读而言，选书是头等要事。

书，就是一颗颗种子，经由妈妈的手播撒在孩子们的心田。日后，那心田里是怎样一番景象——是繁花似锦还是凄凉荒芜，就取决于当年所撒下的那些种子有怎样的品质和属性。

那么，面对浩如烟海的图书，如何给孩子在不同的年龄段选择一些最适合他的书，这大概是每个妈妈面临的最困惑的问题，也是当今家长们面临的一大挑战。

“云舟都读过哪些书？”这也是很多妈妈问过我的一个问题。我经过认真的回忆和梳理，总结出了以下几个选书原则。

读优质的成人书

首先，我主张，让孩子读一些优质的成人书。也许很多妈妈会质疑：孩子能读得懂吗？能理解书中的含义吗？能消化与吸收吗？会适得其反吗？

每年开学或放假，云舟总要从学校里抱回一些学校发的书，例如《小兵张嘎》《一千零一夜》《红孩子》等等。她总是觉得这些书太老旧，提不起她的阅读兴趣，每每都放在一边。

由此我花了很长一段时间，仔细地调研了图书市场，发现很多童书内容较传统陈旧，已经远远不能满足当今孩子的阅读需求。加工拼凑的快餐童书也随处可见，它们表面上看来印刷精美、图片华丽，但文字是苍白的，内容是贫乏的，主题是无趣的，这样的童书只会破坏孩子们的品位和诗意，对他们的成长并无裨益。

而很多优质的成人书则更能担当起孩子们的阅读重任。从云舟五岁开始，我就给她读一些成人作品，比如朱自清先生的《春》《匆匆》、鲁迅先生的《故乡》《阿长与〈山海经〉》、林海音先生的《城南旧事》……那些美丽的文字，对生命的讴歌、对大自然的赞叹、对故乡的思念，都是给孩子心灵最美妙的启蒙。

孩子在那时，肯定还不能完全领悟书中的文字、思想与意境，但是不要紧，只要把这些最美好的种子种进孩子的心田，在大地复苏之日，它们一定会在某一个早晨生根发芽，破土而出。

云舟上小学后，我为她挑选了更多成人好书。从《繁星春水》到《蒋勋说唐诗》，从《硅谷钢铁侠》到《林徽因诗集》，从《谁动了我的奶酪》到《三体》……这些好书或是字句婉转动人，或是见解精辟独到，或是让人脑洞大开，它们纷纷给孩子打开了一扇扇窗户，让她初步看到世界的模样，又如同细雨悄无声息地丰润着孩子的灵魂，让她日益成熟。

读杂书，读新书

去年的一个晚上，我发现云舟（当时她读五年级）在读中信出版社的新书《人类简史》。我很惊奇，就问她："你也读这本书？"她抬起头，对我说："是啊，你拿回来后，我就随手翻翻。结果我发现，里面的好些内容很有趣呢，很多观点实在是跟我们老师讲的大不相同。老妈，你看这段，说八卦是人类进化过程中一项伟大的发明，正是因为说八卦，促进了原始人之间的合作，最终推动了人类向前发展。哈哈，这真是让人大跌眼镜啊！"我笑着回答："那好啊，以后你们同学再聚在一起说八卦，如果被老师批评了，你们就有了正当理由了！"

我之后跟很多优秀少年的妈妈交谈，发现情况都是一样的，她们的孩子都在看各式各样的成人书。当今孩子们的阅读视野、见识和能力已经远远超过了家长和老师们的想象，他们有能力踮着脚尖去读一些大视野的书！他们也渴望这么去做。

但是，很多学校和家长给孩子们推荐的都还是一些传统的儿童文学，所选书目和父辈时代的并没有太大差异，而这已经远远不能满足未来对于孩子们的能力需求。

未来，要求孩子们不仅是某一方面的专才，还要求他们具有跨界的能力、整合的能力，只有这样的通才才不会被人工智能替代。而跨界、整合的能力如果期望孩子读大学后再培养为时已晚，它一定是源于年少时广博的阅读和丰富的兴趣培养。

所以，除了文学书籍，孩子们还应该阅读更多的杂书，不断拓宽自己的知识面，不断拓展自己的视野。“上知天文、下知地理、中晓人和”是未来对于21世纪人才的普遍要求。

而家长能做的，就是带着孩子从小广泛阅读，带孩子走进更广阔的天地，并帮助孩子寻找自己的兴趣。

另外，一定要让孩子读一些新书，因为新近出版的好书里，往往蕴藏着最新鲜的科学知识、最前沿的科学理念，它们能让孩子看见未来。

去年寒假，我带云舟参加了美国中学考察营。我们参观了美国加州五所公立和私立中学，云舟还作为插班生参加了课堂学习，而我则作为旁听者参观了其课堂教学。

对比中美学生的课堂表现，我发现美国学生的知识面要广得多。有关历史、军事、自动驾驶、人工智能等很多问题，他们都能侃侃而谈，而同去的中国学生在课堂上的表现显然要沉默很多。

下课后，通过和这些学校的老师、同学聊天，我们得知：美国学生从小看书很杂，只要是感兴趣的好书，都会拿来看，其中包含很多商业、科技、趋势类的书。而中国的学生，看的绝大部分都是故事类、文学类图书。所以可以说，中国学生与美国学生的差距，表面上看是思维、视野、见识上的差距，其本质是阅读数量和质量的差距。

我们生活在一个飞速发展的社会，如果我们的孩子不知道目前科技的变化、未来发展的趋势，今后他们的路走起来就会异常迷茫和艰难。

所以，只有长期坚持不懈地阅读各个领域的优质图书，尤其是要涉猎一些中国家长忽略的前沿科技书，才能使我们的孩子在未来处于不败之地。

读有贵族气质的书

中国知名儿童文学作家曹文轩老师曾说过，书是有气质的，他提倡给孩子们看那些具有贵族气质的书。对此，我深表认同。

哪些书是具有贵族气质的呢？有贵族气质的书即有雅致的文字、优美的情调、高尚的思想的书，它们都是经过时间和历史的检验而留下的，其品质和调性都毋庸置疑。

在我看来，《红楼梦》是有贵族气质的，“花谢花飞花满天，红消香断有谁怜”是永恒的经典；《草房子》是有贵族气质的，那蓝天下的草垛、风中的芦苇、河畔的夕阳、教室的金色屋顶构成的唯美画卷是童年最美的梦；《城南旧事》是有贵族气质的，书中淡淡的哀愁、沉沉的相思，还有清新隽永的文字，感染了一代又一代人；《窗边的小豆豆》是有贵族气质的，小林校长的那句“你真是一个好孩子”温暖了无数孩子的心……

孩子如果在童年时代读的始终是这样一些具有贵族气质的书，那隽永的文字、优美的情怀、高尚的思想就会自然而然地流进孩子的心田，就会给他的人生铺就最温暖、最健康的底色。

读图？读字？

最后，我们还需要厘清一个概念：孩子的阅读是以读图为主，还是以读字为主。

这是一个读图时代，电视、视频、漫画等占据了很多成年人的大部分闲暇时间。因为，读图对于工作了一天，需要休息、放松的成年人是一种很舒服的形式，不用动什么脑筋，就能获得娱乐和资讯。

但是，只读图对于正在形成阅读习惯的孩子来说，却是一件很糟糕的事情。因为，那其实是让孩子被动地接收信息，他的大脑并没有被真正调动起来，没有进入思考的层面，这对于孩子的智力开启没有什么帮助，尤其是漫画中那些碎片化的语言，对于孩子形成流畅、连贯、富有逻辑性的表达是不会有任何裨益的。

3~10 岁正是孩子形成语言能力、表达能力、养成阅读习惯的关键时期，而文字能够起到非常关键的开启心智作用，图画则起到帮助孩子理解内容、降低阅读难度的辅助作用。

所以，文学类、故事类书籍，只有以读文字为主，才能让孩子体会到其中的精妙之处。而非故事类书籍，例如地理、历史、科学等，则可以图文并茂。图片能够给孩子以形象的讲解，而文字则给孩子以想象的翅膀。

在孩子不同的年龄阶段，读字和读图应该有不同的偏重。在云舟上幼儿园的时候，我重点是让她听书。每天晚上，我会给她念脍炙人口的童话、中外的精美散文、朗朗上口的诗歌，目的是让那些优美的文字在她心里扎下根来；她进入小学一、二年级后，我给她推荐的重点书是“桥梁书”，即有图画、拼音和文字的书，目的是让开始识字的她试着利用拼音，逐渐学会独立阅读；到了小学二年级下学期，云舟开始进入独立的全文字阅读阶段。

今天回过头来看，这样的阅读积累让她语言能力的发展、思想的深度明显优于同龄人。

最后总结一下。我的阅读主张是——读优质的成人书，读新书，读杂书，读有贵族气质的书。另外，还有特别重要的一点，每个孩子都是一个具有不同特质的生命个体，在不同的年龄段有不同的精神需求和兴趣爱好，所以，每个人的阅读需求也是不尽相同的，这就需要在不同的时段里为他们量身定制般地选出一本本适合的好书。

一本好书就是一颗种子，我们如何成为一个最具慧眼的园丁，为我们的挚爱选出一颗好种子，种在他的心田？这将考验我们的智慧、眼光、甄别力和鉴赏力，需要我们不断学习和自我提升，需要我们倾听孩子的内心渴求，也需要我们不断汲取过来人的经验。

兴趣才是最好的老师

很多妈妈都问过我同一个问题：“你女儿那么爱读书，你是怎么办到的？我家小孩成天就喜欢看电视、玩手机，我给他买了书，递到他手边，他都不读，这可怎么办？”

我告诉这些妈妈，像我们70后这一代，小时候家里只有一台黑白电视机，成长的环境相对简单很多，所以阅读就很容易成为我们最大的娱乐，但是00后这一代就完全不同了！

他们从小就是在各种电子产品的包围中长大的，手机、iPad（苹果平板电脑）等形成的声光电刺激很让孩子着迷和上瘾，而且，想要把他们和这个互联网的世界完全隔离开来，是不可能也不现实的事情。所以，要想让他们对厚厚的书本，对白纸黑字的阅读感兴趣并爱上阅读，着实需要家长想一些有趣的办法，下一些真功夫。

我给大家介绍几个经过实践检验的、真正好用的方法。

方法一：妈妈是最好的导读师

首先，何为导读？导读就是指导阅读的意思。家长如果想让孩子爱上阅读，一定要告诉他，这本书有多么有趣，有多么好玩，这本书能为他带来哪些快乐和享受，这是他玩其他的游戏所体会不到的快乐，要先用有诱惑力的语言把孩子带进这本书中。

那么，这个导读的任务由谁来完成呢？毫无疑问，妈妈是孩子最好的导读师。父母尤其是母亲是孩子的人生第一导师，尤其是在孩子的学前阶段和小学低年级阶段，母亲可以利用亲子共读时间，手把手地把孩子带进阅读的美好世界，带着孩子读一本本好书。陪孩子一起读书，是给孩子童年最好的礼物。如何亲子共读？读什么？怎么读？我在本书的另一章节《亲子共读，到底应该怎么读》里有详细的阐述。

另外，现在有一些知识付费平台推出了针对少年儿童的听书产品，家长可以为孩子选择一些有趣有益的产品作为导读，引发孩子的阅读兴趣，之后再和孩子一起阅读原书。

方法二：优质的影视剧是好导读师

除此之外，好的电影、电视剧也能对孩子们的阅读起到非常好的导读作用。

我发现，身边的很多家长朋友都把阅读和看电视对立起来，恨不得把家里的电视卖了，觉得这样孩子才有可能专心阅读。从我的实践来看，我反倒觉得如果把看电视利用好，完全可以和阅读形成相互促进的关系，当然前提是要规划和控制好孩子阅读和看电视的时间比例，以及看电视的内容。

给大家举个例子：小学二年级下学期，云舟已经完成了小学的识字阶段，我觉得是时候让她开始独立进行全文字的阅读了。于是，我给她买回了全套的《哈利·波特》。

我把其中的第一本《哈利·波特与魔法石》放到她的面前，对她说："妈妈给你推荐一本十分精彩的书！全球有几亿的孩子都被它迷住了！它讲的是一个小男孩哈利·波特进入神奇的魔法学校后，发生的许许多多有趣的故事，相信你也会被它迷住的！"

云舟拿起来翻了翻，问："全都是字啊？"在这之前，她独立阅读的都是有字有画有拼音的"桥梁书"。我鼓励她说："你可以试着读一读哟，看看你感不感兴趣。"过了几天，云舟告诉我，自己有点儿读不下去。

我仔细思考了一下，这本《哈利·波特与魔法石》，因为作者刚开始时叙事节奏较缓慢，人物关系很复杂，所以给云舟第一次"啃"大部头书造成了阅读障碍。那么，用怎样一种形式能够在孩子和书之间建立起一座桥梁呢？

突然，一个念头闪现在我的脑海里——电影！《哈利·波特》

的系列电影风靡全球，连成人都被深深吸引，相信云舟也一定会感兴趣！

不出所料，这部电影如同磁石一般把云舟吸住了，她被电影的精彩情节深深吸引。看完电影，云舟掩饰不住满脸的兴奋，又与我讨论了半天。最后，我鼓起勇气说："你知道吗？《哈利·波特》的小说更好看，小说里的描写更精彩、更生动，你要不要重新去读一下？"她点了点头，一脸高兴地说："那我再试试吧！"

这一次，因为云舟已经通过电影了解了故事的梗概，弄懂了人物之间的关系，并体会到了故事的精彩之处，这为她的阅读扫清了障碍。所以，这一次重新拿起书本后，她一头扎进了哈利·波特的魔法世界，读得昏天黑地，废寝忘食。

就这样，在一个暑假里，云舟一口气读完了《哈利·波特》的前四本，连我都感到十分惊讶，因为她第一次独立阅读纯文字的书，就能达到这样的阅读速度和阅读量！看来，只要激发起孩子的阅读兴趣，他们的阅读潜能是惊人的，会超越我们的想象！

如法炮制，云舟在看完了部分1987年版的电视剧《红楼梦》后，对其中美不胜收的诗词产生了浓厚兴趣，于是独立读完了青少版的《红楼梦》；看完了电影《魔戒》，又捧起了小说《魔戒》……由此看来，只要掌握好看电视、看电影的时长和内容，电视剧和电影就能成为导读老师，激发孩子更大的阅读乐趣。

另外，还有一些方法也可以激发孩子的阅读兴趣。例如，家长只讲故事的开头，勾起孩子的阅读欲望；把书中的一些经典片段改编成小短剧，让孩子来表演（这在后面的章节中会有详细介绍）；下载一个配音软件，给故事的角色配音；给书配上插画，给书中的人物画一幅肖像，等等。

方法三：读书，读人，读世界

连接书中和书外的世界，意思是不要把阅读仅仅限于书中的世界，如果把书中的场景和现实的世界做一个连接，读书、读人、读世界，就更能让孩子们感受到阅读的美妙之处。

给大家举个例子：小时候，我们都在书里读到过万里长城的伟岸和传奇，所以，当我们真正登上长城之时，那些关于长城的故事、关于长城的诗词便会自动涌进我们的脑海，让我们激动不已，让我们想大声吟诵。这便是连接了书中和书外的世界。

书中的世界和现实的世界相互依存、交相辉映，我们如果能帮孩子们找到它们之间的奇妙连接，必将加深他们对于世界和人生的理解，也能促进孩子用更大的热情投入阅读中，激发他们不断去探寻世界的美好和神奇。

孩子们如果去过真正的哈利·波特城，一定会爱上读《哈利·波特》；如果我们带孩子去看过真正的恐龙化石，孩子一定会爱上读有关恐龙的书；如果我们带孩子看过庐山瀑布，他一定会对“疑是银河落九天”的诗句有更深刻的领悟……

另外，还可以把阅读和其他很多的有趣形式连接起来。例如，看完《美国国家地理》（少儿版），还可以看看 BBC（英国广播公司）的系列纪录片，和孩子一起上天下海。

看完《绿山墙的安妮》，孩子们可以选取其中的片段，排演英文小短剧；看少儿百科全书的同时，我们也可以和孩子一起参观各类博物馆……由此，阅读才能在孩子的心里真正丰富和立体起来。阅读和其他形式叠加在一起所产生的化学反应，不断刺激着孩子的心智成长。

总的来说，在孩子的阅读启蒙阶段，妈妈是最好的导读师，而好的电影和电视剧也能够激发孩子们的阅读兴趣，而在阅读过程中和结束后，我们更是要把书中的世界和现实的世界建立起各种有趣的连接，巩固和丰富阅读中的所得所获。这样，就可以形成阅读的正向循环，不断激发孩子去阅读更多好书，去开创多彩人生。

亲子共读，到底应该怎么读

现在，很多教育专家和教育平台都在强调亲子共读，那么，为什么要亲子共读？亲子共读到底应该怎么读？

我先给大家讲一个自己的小故事。最近，有几位妈妈不约而同地与我谈到了同一个话题：“不知为何，孩子现在总嫌我说话啰唆，不论跟他说什么他都很不耐烦，一副嫌弃的表情。”“孩子回到家，总是把自己的房门一关，只有吃饭的时候才出来。在餐桌上，和我们说话也越来越少了，想多了解一点儿他学校的事情，他总是不愿意多说。似乎，他在我们面前正渐渐地把心门关上了。这真让人担忧！”

说着说着，妈妈们流下了难过的泪水。

她们问我，云舟和我之间是否也出现过这样的情况。我笑了笑说：“云舟从这学期开始有时候也会嫌我啰唆，但是，她与我仍是无话不谈，同学间的趣事、老师的表扬与批评、看完某本书的感慨，她都如同儿时一般与我倾诉，依然把我当成她的好朋友。”

我也在思索，为何在与青春期孩子的关系上，会出现如此大的不同。突然想起，昨天晚上，我与云舟一起读了《诗经》里的

“蒹葭苍苍，白露为霜。所谓伊人，在水一方”。由此我们聊起了我最喜爱的那首邓丽君的歌曲《在水一方》。

在和女儿近一个小时欢快流畅的对话里，我仿佛也回到了自己的青葱岁月，回到了那些编织着诗与梦的年华。可以说，是共同的阅读爱好、共同的对文学的喜好，拉近了我与女儿的心灵距离，让我始终和她生活在同一个精神世界里，并有共同的话语体系。

更重要的是，我们通过多年的共读一本书，已经建立起了共同的价值观。同时，我把我想要传递给女儿的一些做人做事的准则，例如，要做一个正直善良的人、要对人宽容豁达等等，通过书本巧妙地传递给女儿，同时还避免了孩子们都不喜欢的空洞说教和唠叨。我认为，这才是亲子共读最重要的意义。

在孩子的不同年龄段，有不同的共读方式。

亲子共读是孩子童年时期和父母之间最经典的仪式，它是任何其他形式都替代不了的成长通道，是从小培养孩子阅读习惯的最佳方式，是孩子与父母之间建立深厚感情的重要渠道之一，是孩子童年最重要的仪式。

读书，不仅是信息传递，也是情感交流。孩子坐在妈妈的怀里，手上翻着书，看着书中的画面，听着妈妈的声音，这样的亲子共读有利于充分激发孩子的阅读兴趣，从而建立终身的读书习惯，更加具有互动性和趣味性，能丰富孩子长久的记忆，激发他鲜活的想象力。

而在孩子不同的年龄阶段，亲子共读有着不同的形式和内容。

0～2岁应该怎么共读

0～2岁是儿童的听力和语言能力发育的启蒙期，亲子共读如果能从这个时候开始，应该是帮助孩子建立阅读兴趣的黄金的时间点。阅读的内容，我建议以色彩简单明了的绘本故事和古典诗歌为上选。在宝贝开始牙牙学语之时，妈妈就把唐诗当成最好的儿歌念给他听，在他开始玩玩具时，就把书本当作可以啃、可以撕的最好玩的玩具，这样就能让宝贝从幼年时期开始，便与书本结下不解之缘。

我清楚地记得，在女儿半岁，还满床爬的时候，我就追在她后面，给她念《声律启蒙》和好听的儿歌。她经常会停下来，用亮晶晶的眼睛望着我，满心欢喜的样子。

她一岁以后，我开始每晚给她念一首唐诗，专挑那些最简单、最朗朗上口的句子读给她听。每次听到“朝辞白帝彩月间，千里江陵一日还。两岸猿声啼不住，轻舟已过万重山”的时候，她就会咯咯咯地笑出声来，每次听到“举头望明月，低头思故乡”时，她便会安静下来，学着我的样子望向窗外。我想虽然她还听不懂其中的含义，但孩子的心灵是最敏感、最纯净的，那样美的声律、那样忧伤的情怀一定打动了她吧。

后来，云舟 5 岁时咏出了她人生的第一首五言，之后又陆陆续续写了很多诗歌，成了一个小诗人。我想，这一定是早年她听到的那些诗歌在她稚嫩的心灵里生根发芽、不断生长的结果。

除了诗歌之外，经典的童话是给孩子的心灵最美的滋养，同时也是最有效的哄睡神器。

在女儿一两岁的时候，晚上我总是用一个个童话故事哄她入眠。在昏暗的灯光下，用最温暖、最动人的声音给她娓娓道来，然后看着她在我身边慢慢闭上眼睛，进入甜美的梦乡。为此，我每天都要认真“备课”，买来成套的童话故事，一一熟读熟记于心，只是为了让女儿能枕着世上最美的童话入眠。《安徒生童话》《格林童话》等传世经典，语言优美、情节生动、寓意深刻，也许那么小的孩子，还不能完全理解童话中的内容，但妈妈用童话为他们营造的一个个充满梦幻色彩的世界，足以让他们回味一生。

2～6 岁如何共读

2 岁以后，孩子基本上都能够独立地说话与表达了。这个时候，亲子共读在他们的智力发育过程中发挥着愈加重要的作用。在这个阶段，优秀的儿童文学、图文并茂的少儿百科全书成了亲子共读的主题。

我记得，女儿两岁以后，每天 20:00 ~ 20:30 便成为她固定的阅读时间。每当此时，她就坐在小板凳上，我坐在旁边的大板凳上，开始我们的共读时光，从《小王子》、《丑小鸭》到《海的女儿》，从《不一样的卡梅拉》到《美国国家地理》（少儿版）……这一个个30分钟，宁静而美好、浪漫而温馨，刻满了女儿成长的一步步足印，也是女儿赠予我的最值得珍藏的人生记忆。

到了后来，每天吃完晚饭，云舟就自己早早把两个板凳排好，坐在那里等着我，这已经成了她每天最盼望的事。从那时起，阅读就成为除吃饭、喝水、睡觉之外，云舟每天的必做之事，成为她的一种必然需求。

遇到她喜欢的故事、段落、句子，她就会指着书，让我反反复复地读给她听。刚开始时我难免有些不耐烦，但发现她一遍遍地听着那些已经熟悉的故事，开始想象其中的场景，开始和书中的主人公对话，甚至开始想象自己就是其中的一员，和书中的人物共同迎接挑战。这应该就是孩子享受阅读之快乐的过程吧，阅读的魅力也正在于此。

在云舟的学前时代，我身边的很多家长会为“我的孩子已经认识一百个字了”而自豪，可是我没有让她学习认字，只是不断地为她念书，与她共读。我认为，那几百个字迟早都是要认识的，没有什么大不了的，用阅读开启孩子的心智之门才是童年时期最重要的事。

小学低年级如何共读

小学一、二年级，孩子将完成从拼音到汉字的基础学习，所以这个时候，我主张，孩子的阅读可以以“桥梁书”为主，“桥梁书”的形式是文字配拼音、图画，孩子们在阅读中可以从拼音阅读逐渐过渡到文字阅读，边读边巩固所学，能体会到自己开始独立阅读的成就感。

上小学之后，云舟开始正式学习识字。这时我为她买了不少“桥梁书”，都是文字配拼音、图画的形式，很快能让她进入独立阅读。其中的一套《中国百年文学经典桥梁书》她尤其喜欢，里面的插图清新淡雅，所选文章都是朱自清、鲁迅、林海音等大家的经典作品，读起来满口生香。她反反复复地读了好多遍，直至能把其中的一些段落倒背如流。另外，在这个阶段，我还是坚持给她念书，因为她的识字量还不是很大，但是她的理解力已经远远超越了识字能力，所以为她念书能为她打开一个更广阔的世界。

小学三年级后，如何共读

进入小学三年级后，孩子已经完成识字阶段，应该让他学会用自己所学的汉字，在没有家长的陪同下，独立地阅读适合他的图书了。但是，进入这个阶段之后，并不意味着家长与孩子共读的任务已经完成，读书就是孩子自己一个人的事情了。

恰恰相反，我认为，此时，亲子共读进入了一个最关键的阶段，因为在这之后，正是孩子的认知能力突飞猛进，开始睁开眼看世界、看人生，开始逐渐形成三观的时期。做父母的如果能够做到读他所读，爱他所爱，并把自己喜欢的好书也推荐给孩子，与孩子形成良性互动，那么，阅读就将真正发挥出它最强大的功效，帮助孩子解决一系列成长的烦恼，也将化解家长们的不少焦虑。

到了小学二年级的暑假，云舟开始进入独立阅读阶段。但这时候，我认为我的历史重任并没有告一段落，而是进入了另一个阶段——“与她讨论，一起成长。”云舟读的每一本书我都要读一遍，然后和她一起回味、讨论与分享。我们一起讨论书中主人公的命运、书中人物的悲欢离合，一起分享她的收获与体会、她的领悟与成长……

北京的冬天漫长而寒冷，在很多个周末，我和云舟没有奋战在奥数的补习班里，没有挤在作文辅导班里，而是泡在一个个充溢着香气的咖啡馆里，各自捧着一本书，度过了一段段惬意的共读时光。

读完《红楼梦》，云舟发出感叹：“林黛玉生活在那么美的大观园里，锦衣玉食，理应无忧无虑，为什么还会有那么多哀愁？要是我，肯定会快乐地活着。”我说：“所以你看，幸福和所拥有物质的多少并不一定是成正比的，比如我们一家三口在一起就很快乐哟。”读完《哈利·波特》全集，云舟说：“今后，我也要成为像 J.K. 罗琳那样的大作家。”我说：“好啊，那就加油吧，我们都期待着你呢。”读完《诗经》里的“青青子衿，悠悠我心”，云舟说她找到了中国文字如此至美的源头。读完《故宫里的大怪兽》，云舟说，原来古老的故宫里藏着那么多鲜为人知的秘密，自己也好想约上小伙伴去探秘一番……

现在，云舟有了更多自己的想法，我们也常常会因为对某个人物的不同理解、对某位作家的不同看法争论得不可开交。前一阵子，云舟读了一部青春文学，我读了之后表示不太赞成作者的某些观点和太过于直白的写法。云舟说：“我觉得这样写挺好的！直截了当、痛快利索，省去了那么多废话。老妈，这就是我们年轻人的表达方式。作者写出了我们这一代人的真实想法。”我想了想，觉得这是对的。要想和女儿这一代人一直在一个思想频道上，我必须让自己弯下腰来，倾听他们内心的声音，让自己的观点不断更新，让自己的思想与时俱进，而云舟也在此过程中开始慢慢学会矫正自己的一些偏颇之处，学会用更包容的心态接纳别人的观点。

这样的讨论，是对她阅读的升华。更重要的是，在这样漫长的共读过程中，我和孩子慢慢建立起了一致的价值观。要简单快乐地生活，做人要正直善良，做事要有责任、有担当等等，通过一种最自然的方式不着痕迹地传递给了孩子，让她愉悦地接受，这会比父母干巴巴地说教强一千倍。而且，我们母女之间建立起来的基于共同价值观的相互理解、信任、支持，会让成长的很多问题迎刃而解。

现在，已经进入青春期的云舟，也会时不时地和我闹小脾气，也会回到家就关上门，沉浸在自己的小世界里。但我从来不担心，因为我理解她，我还知道，一旦她遇到任何成长的烦恼，都会来向我们倾诉，我们会给她提供最直接的支援和帮助。因为我知道，多年的共读已经在我们的心里建立起了牢不可摧的树根系，哪怕今后她的人生大树枝繁叶茂，伸进云里，我们的根也永远紧紧地相拥在一起。

阅读分享会，让阅读更有趣

全民阅读倡导者聂震宁先生在其著作《阅读力》中提出了“独读书不如众读书”的观点。他认为，为了提高个人的阅读力，需要很多人聚集起来快乐地读，这能使我们不只是阅读，还能有情感交流、学问切磋，多人友好携手共进，真称得上是人生快意时光。

我非常赞同此观点，并且我认为对于青少年来说，“众读书”不仅可以激发他们的阅读欲望，增加他们的阅读乐趣，更能帮助他们很好地做到阅读输出，把阅读中所读所思表达出来，做有效的转化。

在美国，各个中小学都普遍开设阅读课，并在各年级配备了专业的阅读老师，从阅读书目到阅读方法、阅读后的写作等各个环节给予学生们非常详细的指导。这样的阅读课与中国的语文课有很大区别。我们的语文课，一学期学的就是一本语文课本，好多天才学完一篇课文，默字、组词、造句、归纳段落大意、写中心思想等等；而美国的阅读课则是在一学期之内老师带着学生完整地读完好几本书，强调的是培养学生的深阅读能力，即要求学生“像侦探一样阅读，像调查报告者一样写作”，意思是仔细阅读文本，进行批判性思考，从文本自身找到问题的答案，这也是

2016 年开始实施的最新美国高考（SAT）阅读考试的新要求。阅读专家劳拉·凯西警告说："如果没有阅读，不能真正地理解文本说了什么，要成为一个有教养的世界公民，成为一个知识渊博的选民，甚至是一个富有想象力的思想者，那是不可能的。"

目前中国的各个中小学普遍都还没有开展阅读课，也没有配备专业的阅读老师指导孩子们的阅读。作为全国政协委员，聂震宁先生在 2018 年的两会上提出了关于在我国中小学开设阅读课的建议。因为，现在学校的图书室、图书馆的建设正在建立和丰富，但是中小学生的阅读力仍然没有显著提升。中小学应该设有阅读课，指导中小学生阅读这一年龄段应该读的书，教会学生阅读方法，同时带领学生进行阅读实践，让学生不断感受到阅读的意义和价值所在。这是刻不容缓的教育目标和教育任务。唯有如此，我们的国民阅读状况才能得到根本性改变。

我们欣喜地看到，在一些中小学，老师们已经开始自发地用创新的形式给孩子们上各种类型的阅读课。

如何做一场成功的阅读分享会

阅读分享会是云舟的班主任兼语文老师冯老师一直坚持在做的。这是阅读教育的一种有益实践与创新，值得分享与推广。冯老师说："这是我们模仿美国中学阅读教育的一个尝试。通过这样的分享，我们希望，学生能发出自己心底最真实的声音，发掘自己内心的光和热，传递正能量。

那么，阅读分享会具体应该如何操作？有哪些步骤？学生和老师需要做哪些准备？

一、前期准备

首先，老师要在班级征集“阅读分享人”。同学们自愿报名，报上自己近期看过的并打算向同学们推荐的一本好书。老师筛选出本期的阅读分享人，并公布所推荐书的书名，让同学们在课下有时间时浏览此书。

“阅读分享人”要做“好书推荐 PPT（幻灯片）”，准备好阅读演讲稿，并事先预演一下，还要准备几个有关书的开放型的思考题，提前发给同学们，请大家有空时思考一下。

二、开场

好的开场白，就是成功的一半。应该如何做一个漂亮的阅读演讲开场？可以讲一个小笑话，或提出一个跟同学的学习生活相关的能引起大家共鸣的问题，或是做一个小调查，总之是需要用一个有创意的办法引起大家的兴趣，吸引大家的注意力，让大家在笑声中、在思考中有兴趣听下去。接下来，“阅读分享人”需要讲一讲为何要推荐这本书，作者是谁，这本书的创作背景是怎样的。

在班里举行的第一次阅读分享会上，云舟的开场白是这样的：

谈起东野圭吾，大家并不陌生。这是一位近年来备受关注的日本推理小说作家，有同学看过他的精彩推理小说吧？（台下有不少同学点头）有看过的请举一下手。谢谢！

这个平常以推理小说闻名的作家，这一次挑战了不同风格的作品——《解忧杂货店》。这是一部治愈系的暖心小说。故事的大背景发生在东京。在这个城市繁华灿烂的糖衣下，有着一个个面临梦想与现实之间的抉择的年轻人。那时，有一个在街角毫不起眼的杂货店，帮助这群年轻人走过懵懂与迷茫，跨越青春的沼泽。杂货店里的浪矢老爷爷，写着一封又一封信为少年解忧。

直到很多年后，杂货店被三个逃难的小偷发现了。从旧时光传来的信络绎不绝，他们就尝试着回复那一封封信，也给那个小城音乐人回了信。

三、讲好一个故事

接下来，“阅读分享人”需要给听众讲一讲书的主要内容。最好的方式是讲故事，没有什么比讲一个故事更能让学生容易理解和记忆了，故事中要有人物，有转折，有高潮，有结局，更重要的是，故事要打动人心。

教室里鸦雀无声，同学们都被吸引住了。接着，云舟和她的同学小猪（化名）轮流给大家讲了这么一个故事：

我们今天为大家讲的是其中的一个故事——《深夜的口琴声》。这个故事讲述的是从少年时代起就怀揣音乐梦想的小城音乐人——松岗克朗。他不停地努力、奋斗，希望有一天能出道，成为职业歌手。松岗克朗克服了重重困难：初二时，他以考取当地最好的高中为目标来换取学习吉他的机会；考上东京的大学后，他日日苦练，不断挑战业余歌唱比赛；为了音乐，他中途退学，同父母反抗、争吵；亲人不理解他，鄙视他……在这期间，克朗有过迷茫、质疑，尤其是在听到一位音乐评论家对自己的评价后，他懊恼、伤心，难道自己没有音乐才华吗？

克朗不断地反问自己，直到得知父亲病重返乡，打算关掉从爷爷那里继承的鱼店——为了圆自己的音乐梦。此时的父亲在病床上对他说：“我也好，鱼店也好，还没有脆弱到需要你照顾的程度，所以你不要去想这些有的没的，再去全力打拼一次，在东京奋战一场，就算最后失败了也无所谓，至少你留下了自己的足迹。做不到这点你就不要回来，明白了吗？”

在父亲的支持下，克朗打算再次离开家乡，继续在东京为自己的音乐梦打拼。

离开前，克朗收到了解忧杂货店的回信，信上告知他：“你对音乐的执着追求，绝不是白白付出的。我相信，将会有人因为你的歌而得到救赎。你创作的音乐也必将流传下去。请你始终坚信这一点，坚信到生命的最后一刻。”克朗在收到回信后，得到了莫大的勇气，重新踏上了寻梦之路。

之后，克朗在为一家孤儿院演唱自己写的歌曲《重生》时，一个小女孩被他的歌深深地打动了。那天夜里，孤儿院发生了一场火灾。克朗为了救出小女孩的弟弟，在火灾中牺牲。小女孩记住了他的歌。后来，小女孩成了一名著名的歌手，在每场演唱会之前都会演唱《重生》，将这首歌永远地演唱下去。

此时，PPT 上接连出现了克朗与父亲在病床前谈话的画面、克朗从火灾里救出小女孩的弟弟后倒地的画面，多年后已经成为著名歌手的小女孩在偌大的舞台上唱起《重生》时泪流满面的画面……台下，好些同学都潸然泪下。

四、结尾提出问题

在阅读分享的结尾处，如果分享人能提出一个开放型的思考题，则是画龙点睛之笔。

在演讲的末尾，云舟提了这样一个问题：

梦想和现实之间的抉择，永远都是一个千古难题。我们在年轻时怀揣着稚嫩的梦想，心中充满着无限的可能，但人生并不是皆大欢喜的童话故事，有时并不如意。当梦想和我们一次次擦肩而过，你又是否愿意回过头等它？

在这个故事中，克朗这个人物只是万千青年的一个缩影。他十分平凡，却又十分不平凡；他做着和万千青年一样的事，却又将这件事做得与别人不同，活出了自己生命的光彩。他虽然到最后也没有追逐到自己所谓的“成功”，但却将自己的生命活成了不一样的烟火。

此时，教室里响起了热烈的掌声。

五、深入讨论

接着，云舟和小猪组织同学们深入讨论这本书。

云舟问：“当时，几乎没有人认可克朗的音乐梦想，如果他放弃，就可以继承父亲的鱼店，有一份稳定的工作与生活，还能帮助家里。同学们，你们觉得，克朗当时的这个选择是对的吗？”

一个男生说：“其他都是外因，关键是内因，只要他自己想去做，就没有人能够阻挡。”另一个男生则说：“我认为，人生要有梦想，如果放手一搏，可能会成功，如果中途放弃自己的梦想，人生就变得没有了意义。”

小猪问：“那如果失败了呢？”

同学们七嘴八舌地争论了起来：如果失败了也没有关系，至少自己努力过，这就是有意义的，反正自己还年轻。

云舟问：“那你们的梦想是什么？”

很多同学笑起来，喊道：“我们还在探索中！”

教室里的气氛变得很热烈，孩子们七嘴八舌地表达着自己的观点。

这样的讨论能让孩子们说出自己的思考和感悟，很好地实践了阅读输出，对于提升他们的表达力、思辨力大有裨益。

六、升华主题

最后，云舟抛出了她们的彩蛋："我们想学习解忧杂货店的做法，向同学们发出号召，'你有烦恼、我来解忧'！这是我们准备好的解忧信箱，欢迎大家写信给我们，说出你们的烦恼。不用写真名，可以给自己取一个好玩的名字。我们会尽全力，客观地来帮你分析，帮你解决！"

"实践表明，阅读分享会不仅仅加深了同学们对于书的理解，更能够激发起他们心底的热情，把从书本中感受到的爱与正能量传递给更多同学，帮助更多同学，同时，这也是对他们综合能力的极好锻炼。孩子们慢慢地在阅读中改变着自己的生活状态。这一点特别可贵。"冯老师这样评价道。

尾声

阅读分享会后，"遇见杂货店"开张了。

每天清晨，云舟走进教室，第一件事就是打开角落里的白色信箱，看看里面有没有新的来信，信箱上贴着几个字"遇见杂货店"。这个"杂货店"，云舟和她的同学小猪已经开了近一年了。

每周，她们总会收到几封本班同学或外班同学的来信，信里写着孩子们各式各样不愿意告诉父母和老师的烦恼、问题，而拆信、读信、回信则成了她和小猪最快乐、最有成就感的事。

经云舟、小猪和写信同学的同意，在这里公开两封信的内容：

来信一

遇见杂货店：

你好！

我最近有个令我很纠结、很困惑的事，想跟你们说说。

我的英语成绩很好，数学和语文却很一般。我很喜欢国外的开放式教育，一直不太适应国内学校的高强度教育，所以初中我想考国际学校，之后打算去国外读高中、上大学，留在国外发展，实现我的梦想。但我的父母坚决不同意我的想法，因为我是家里的独生子。为此，我很烦恼，我真不知如何选择。

请你帮我出出主意。谢谢！

刀剑一梦

回信

刀剑一梦：

你好！

谢谢你对我们的信任！

我觉得，你父母这么做，是为你考虑，如果你一个人到国外，人生地不熟，只有一番梦想，没有人帮你，梦想也只能是梦想，而且你一个人去，你的父母肯定是放心不下的。

但是，我更能理解你的心情，如果去国外发展是你的梦想，是你未来的选择，并且你已经认真地考虑清楚了，那么，建议你和你的父母好好谈谈，跟他们表述你的观点，相信他们会理解你的。

如果他们还是不同意，你也可以做出让步，可以在中学时选一些压力没有那么大的自己喜欢的学科，高中毕业后再考到国外的大学去，相信去国外只是时间早晚的问题。

祝你梦想成真！

遇见杂货店

来信二

遇见杂货店：

你好！

我是一个五年级的女生，最近我喜欢上了我们班的一个男生。他很优秀，各方面都很出色，我们常在一起聊天，每次和他说话，我都觉得好开心。但这个男生早就对别人坦白过，说自己有喜欢的女生了，却不是我。

所以我突发奇想，想问问你，如果某一天爱因斯坦去医院里看病，那个小护士对他很好，那爱因斯坦会不会有朝一日也喜欢上那个小护士？

期待你的回答！

喵星人

回信

喵星人：

你好！

谢谢你与我分享你的烦恼。

现在的我们很年轻，我们有大把的时光可以做自己喜欢的事。喜欢一个人并不能强求，你喜欢他是你喜欢他，他喜欢你是他喜欢你，这两者并不冲突。

我觉得在你这个年纪，还是默默地喜欢比较好。我建议，你们还可以维持好朋友的关系。

我相信，等你上了大学，或者更远之后，你的视野会更加宽广，你也会见到更多更加优秀的人，思想会成熟，到那时你再做出判断或决定，我觉得这才是更理性的。

祝福你！

遇见杂货店

这些来信记录了一段段成长途中的迷茫、困惑和烦忧，而这些回信则充满了思考、友爱与鼓励，相信当他们成人后再来读当年的这些信，心中定会充满无限的感动。

云舟说，自己很想知道，这些回信到底有没有真的帮到那些给他们写信的同学，自己真想像《解忧杂货店》里写的那样，穿越时光隧道，收到来自未来的信，看看自己的那些回信是否真的改变了这些同学的人生。

正如《解忧杂货店》中的浪矢老爷爷说的那样："对你来说，一切都是自由的，在你面前是无限的可能。这可是很棒的事情啊。我衷心祈祷，你可以相信自己，无悔地燃烧自己的人生。"

用戏剧让孩子更爱阅读

"如何让孩子爱上阅读？如何让孩子坚持阅读？如何让孩子由阅读转向写作？这是个重要的问题，也是让很多家长头疼的问题。通过实践我发现，戏剧教育是一个非常好的转化方式。"对于阅读输出的方式，郭云老师这样认为。

郭云老师是资深的教育戏剧工作者，是国内最早的一批教育戏剧种子教师之一，也是儿童阅读的倡导者和推广人，少年阅读基地"嘉禾书屋"的创办人。她说，现在供孩子阅读的图书很多，获取图书的方式也很多（网上购书、书店购书、图书馆借书、书友交换等），家长在孩子看书的问题上是不会考虑成本的，孩子喜欢的书家长都会给买。但问题是：是不是每个孩子都喜欢阅读？

"阅读是输入，写作是输出，而戏剧作为媒介，能够很自然地帮助孩子从输入转为输出。在整个过程中，孩子们很开心，水到渠成。"

如何上一堂教育戏剧课

2015年9月，国务院办公厅正式发文规定："义务教育阶段学校在开设音乐、美术课程的基础上，有条件的要增设舞蹈、戏剧、戏曲等地方课程。普通高中在开设音乐、美术课程的基础上，要创造条件开设舞蹈、戏剧、戏曲、影视等教学模块。"现在，不少学校开设戏剧社，有的还有英文戏剧社。大多数学校的戏剧社的教学内容都是以表演为导向的，英文戏剧的目标是英文学习。本文给大家介绍的戏剧形式是教育戏剧。

教育戏剧和传统的戏剧教育之区别在于：

在传统的戏剧教育里，只有那些有天赋的孩子可以被选中参加戏剧表演活动，因为传统的戏剧教育理念，重点在于"表演效果"。情境是设计好的，孩子需要的只是根据老师的安排和指令，背台词，走舞台，做动作。孩子们需要反复地、刻苦地排练。在反复枯燥的练习中，孩子们很难感受到愉悦和放松，也可能顾不上去思考和自省。

教育戏剧的不同之处在于，它让孩子成为教学的主动者，更注重戏剧活动的过程：让随机组合的孩子去做游戏，去讨论方案，去体验扮演，最终共同创造剧场。参加教育戏剧的孩子是不需要经过精挑细选、层层选拔的，是有教无类的。在课堂上，我们发现，面对同样的教案，不同的孩子，甚至同一群孩子在不同的时间里，都会有一场不同的"戏"。这场戏是开放的、现场的、当下的、随机的，是每个孩子思维碰撞、协商合作后的集体智慧展示。

教育戏剧的目的不在于戏剧艺术的表演，而在于“过程中学习”（learning by doing）的教育经历。

那么，如何上一堂生动有趣、让孩子有收获的教育戏剧课？

一、学生自己创作剧本

让学生自己创作剧本是教育戏剧课的核心所在。学生在老师的启发下充分发挥想象力，以改写、续写等方式对文学作品进行二次创作，写出属于他们的故事，编写更有趣的台词。这是阅读后的最有趣、最有创意的输出方式之一。

1. 为故事写前传

在北京某知名国际学校的戏剧教室，学生们正在为故事《青蛙王子》编写一个前传：王子为什么会变成一只青蛙？然后，学生们进行分组表演。这是郭云老师的教育戏剧课上的一幕。

每周一下午，24 名三、四年级的学生一起混班上教育戏剧课。

郭老师手拿一只金球讲《青蛙王子》的故事。故事讲完后，郭老师问孩子们：

“王子从故事一开始就是一只青蛙了。大家有没有想过一个问题：王子为什么会变成一只青蛙？”

郭老师进行启发式提问：“王子是怎么变成青蛙的？”孩子们

发挥想象力，开始了创意编剧："那是因为他喝了有毒的井水。"

郭老师继续提问："井水怎么突然有毒了？"

"那是女巫干的，女巫把做魔法实验的污水排放到地下，结果污染了井水。"

郭老师再问："那王子在王宫里，怎么会喝到井水呢？"

"王子有一次参加邻国的宴会时多喝了几杯，口很渴，在回来的路上路过一片森林，发现了一口井，就饮用了井水。"

于是，低年级版本的《青蛙王子前传》便出炉了：

有一次，王子参加邻国的宴会时多吃了美味的食物，还多喝了几杯美酒，晕晕乎乎地骑着马回宫。半路上，他感觉口很渴。这时，他刚好路过一片森林，发现了一口井，就饮用了井水。没想到井水被污染了，因为附近住着一个女巫，女巫把做魔法实验的污水排放到地下，结果污染了井水。王子喝了被污染的井水后变成了青蛙，之后一直住在这口井里，直到遇到把金球掉到井里的公主。

同样的课堂内容和提问形式，五、六年级组的学生则编写了另一个版本的《青蛙王子前传》。那是一个悲惨的爱情故事：

有一次，王子去森林中打猎。住在森林里的女巫刚好从窗户看到了英俊潇洒的王子，顿时对他一见钟情，爱上了他。

于是女巫走到王子跟前，向他表达自己的爱意，结果王子很不客气地对女巫说："你太丑陋了，我宁愿娶一只青蛙也不会娶你！"女巫求爱不成，恼羞成怒，用咒语把王子变成了一只青蛙，而解除咒语的唯一办法是：只有得到公主的爱，他才能变回王子。

2. 改编、续写文学经典

郭云老师在戏剧课上常常让学生对一些经典的文学作品进行续写或改写，例如改写《梁山伯与祝英台》《花木兰》的结局，续写《卖火柴的小女孩》《西游记》中的精彩片段。学生们都觉得这超级有趣，他们可以脑洞大开，天马行空地想象，写出来的剧本往往让人拍案叫绝。

"我们可以自己表演自己的剧本，说着自己写的台词，唱着自己写的主题曲，这比让我们按照老师分好的角色，照着剧本死记硬背好玩一万倍！"一个小男生兴奋地对我说。

在一堂课上，郭云老师让学生们为《人猿泰山》写一个后传（在这之前，学生们已经读完了这本书）。郭老师提的问题是："如果你是泰山，是否选择跟女孩进城；如果你是女孩，是否考虑跟泰山住在森林里。为什么？"

经过短暂思考，学生们形成了两个不同的观点：

观点一：泰山决定跟女孩进城。续写：他们进城后发生了哪些故事？这些故事对他们后来的生活产生了哪些影响？

观点二：女孩决定跟泰山回到森林里。续写：他们回到森林里后发生了哪些故事？这些故事对他们以后的生活产生了哪些影响？

有一个组的学生在剧本里写道：泰山所在村子的动物们召开紧急会议，大家商讨是否同意让人类女孩进入它们的世界。表示同意的动物认为，可以尝试和人类沟通，可能会获得双赢；表示反对的动物则认为，人类迄今为止的表现让它们不能相信人类，让人类进来可能会是灭顶之灾。

“你会发现，构思和写作剧本的过程，提高了学生们的阅读兴趣，引发了他们的思维风暴，激发了他们写作的想象力和创造力，并让学生们有兴趣去研究写作手法。这种创意写作，学生们都非常喜欢。”郭云老师说。

3. 改编社会新闻为剧本

社会热点事件也时常会成为学生们的剧本改编素材。有段时间，深圳有个白血病儿童的父亲网络撰文求捐款的事情一度成为热点，郭老师便以此为内容设计了一堂教育戏剧课。课程的重点不在于是否捐款，毕竟在这样一个开放的社会中，捐不捐款是个人的自由，课程的重点是促使学生们思考，如何帮助这个患白血病的孩子。郭老师让学生们以此为内容，写一个剧本。

教案中把白血病儿童的爸爸设计为一个常年酗酒、没有责任心的形象。如果给她爸爸一笔钱，肯定被他拿去喝酒了；如果给她妈妈一笔钱，也会被她爸爸抢走。让学生们去思考如何有效地帮助白血病儿童，如何帮助社会弱势群体。

然后，郭老师引出了基金会的概念，告诉学生们可以用公益基金的方式来帮助这些白血病患者。

学生们很好奇，问基金会是什么，它是如何运作的。课后，学生们通过查资料和向父母询问有关公益基金的知识，明白了需要成立一个“基金会”来帮助白血病患者。

通过老师提问，学生们开始慢慢发现基金会里应该设立筹款部和捐款部门，来向社会和机构筹集善款，并管理捐款。学生们决定，不再把钱给那个白血病儿童的爸爸，而是给她买学习用品，交学费，由专人跟踪管理这笔善款。最终，学生们厘清了思路，创作出了一个关于公益基金的剧本：学生们经过热烈的讨论和调研后，自发成立了基金会，并开始学习用这种方式持续帮助众多的白血病患者。

“通过这样一种方式，学生们开始思考一些现实问题，开始理解社会。最终，我们教会学生们的不是表演，而是应对社会问题的能力，是如何为自己的人生做选择、如何为这样的选择负责任的能力。”郭云老师总结道。

二、学生自排、自演

接下来，学生们根据自己写好的剧本，进行分组排练。每个剧共分四幕，学生们需要在其中加上自编的舞蹈和歌曲，然后进行表演。

每个学生都积极主动地参与。他们纷纷表达自己的看法，通过小组成员集体商议选出自己小组的导演，热情高涨地讨论角色分工、台词设计，专心致志地用过期的报纸、废旧的纸箱和其他旧的包装材料制作道具（这些材料都是从学校可回收物品中随机挑选出来的）。飞快地准备好这一切后，学生们认真地排练起来……

在《青蛙王子前传》的排练现场，我们神奇地看到，无论哪种气质类型的学生都可以在这里找到自己的位置，都会感觉到自己是有所贡献的，自己是被需要的，是值得被尊重的。

“这样一个小话剧，学生们自编、自导、自排、自演，从头至尾主导了全部过程。而且每个学生都能在其中找到自己的定位——编剧、导演、演员、灯光、道具、舞美设计等等，所以每个学生都能在参与过程中得到成就感。更重要的是，这个过程能极大地激发学生们的想象力和创造力。”郭云老师说。

三、老师在教育戏剧中扮演的角色

在教育戏剧中，老师的角色只是引导而非主导。老师作为引领者，首先是建立在老师为学生的“服务”态度上，而非“权力”的控制。引领者是服务大家的，是让每个人觉得安全的、安心的、舒适的，也是引发思考的。这个过程不会让学生产生压力，也不会让学生感到受压迫。就像前面介绍的，老师只是一个提问者，而后来的所有任务，都是由学生们组成的团队自主完成的。

关于戏剧，诺贝尔文学奖获得者达里奥·福在《诺贝尔奖获得者与儿童对话》中说过这样一段话："戏剧是一种所有儿童都知道的东西，这就是他们天天玩的那种游戏。他们编造一些人物和故事，想出一个个角色，把这些角色分配给每个人，并共同或独自地即兴演起来。这就是戏剧。"既然是游戏，既然是玩儿，那么，老师们便自然而然地应该在这个过程中退居二线了。

通过教育戏剧发展孩子的多元智能

教育戏剧的理论基础是哈佛大学教育研究心理发展学家霍德华·加德纳于20世纪80年代提出的多元智能（multiple intelligences）的概念。加德纳认为，传统理论对于"智力"的定义是狭隘的，未能反映一个人的真实能力，因而导致某些孩子在教育上被轻视，被忽略。他在1983年出版的《智能的结构》（*Frames of Mind*）一书中提出了新的智能定义："智能是在某种社会或文化环境的价值标准下，个体用以解决自己遇到的真正难题或生产及创造出有效产品所需要的能力。"

每个孩子都带有某种先天智能来到这个世界。除了传统智力理论所认可的言语—语言智能与逻辑—数学智能之外，还有视觉—空间智能、身体—运动智能、音乐—节奏智能、人际交往智能、自我认知智能、自然探索智能等。

教育戏剧是让每个孩子的先天智能都得到最大的发挥，然后让每个孩子都有机会往多元智能的方向发展。例如，在阅读和写作中，孩子们无法锻炼到运动智能和人际交往智能，而戏剧恰恰可以作为补充，通过肢体表演锻炼孩子的运动智能，通过团队合作——大家讨论剧情，讨论角色分工，一起演戏——锻炼孩子的人际交往智能。

“孩子们不仅需要学习答题的方法，而且需要增强面对困难时的忍耐力、意志力、沟通能力、合作能力，以及信任、勇敢等素质，这些能力和素质比学习成绩对他们未来的成长更重要。”这是郭云老师的总结。

诗歌与朗诵，
激发孩子的创作好奇心

除了阅读分享、表演戏剧等形式，让孩子写一写诗也是阅读输出的一种非常好的形式。也许有家长会问：“写诗？这么难的事，我的孩子恐怕不行吧？”

其实，每一个孩子都是天生的诗人，他们水晶般的心灵是诗歌最优质的土壤，他们大胆的想象是诗歌最奇异的翅膀，所以他们脑海里的诗句总是会不断涌现。家长需要有意识地去帮助孩子挖掘他们内心的灵性，鼓励他们吟诵出自己的诗篇。

孩童的理性尚未开启，但语言系统对于他们是全然开放的。或许孩子才是对的，生命不应有复杂的诠释，该哭的时候就哭，该笑的时候就笑。有什么比孩子的纯真更真实呢？有什么比孩子的无知更动人呢？无论在什么时候、在哪里长大，每个孩子都应该有放心去说的童言童语，也都应该有属于自己的秘密花园。

著名诗人、翻译家树才在他的新书《给孩子的12堂诗歌课》里，提出“童心即诗”这个说法。他认为，教孩子学习诗歌，并非要掌握一种写作上的技巧，而是通过这种学习，引导孩子去发掘自己的个性，发现心灵的自由和灵动。

如何激发孩子的诗意

诗歌创作对于孩子的意义是什么？教育学家苏霍姆林斯基在《怎样培养真正的人》中这样说："我们从小给予孩子各种情感的刺激，让他们的心灵变得丰富、敏感。只有一个从小心灵丰富的人，才可能成为一个积极向他人与世界开放的，充满爱心、富于教养的人。"

那么，我们做家长的，应该如何激发孩子的诗意？

一、带孩子去感悟自然

在云舟6岁的那个寒假，我们带她去东南亚的一个小岛。每个黄昏，我和她手牵手在海边和夕阳一起踏浪，云舟的笑声如金子般撒遍了每朵浪花。一个傍晚，在海天之上出现了一轮巨大的七色彩虹，缤纷的光晕染红了天际，美得让人无法呼吸。云舟出神地凝望着那轮彩虹，久久没有说话。回到房间后，她一下子说出了很多诗句，我赶紧把它们记录下来，于是便有了这首《彩虹》。

彩 虹

你见过那天边的彩虹吗？
它是什么味道的？
我知道，我知道！
彩虹像糖果，

酸酸的、甜甜的，
一嚼还脆脆的。

彩虹是什么样子的？
我知道，我知道！
它像一篮子水果，
粉的是桃子，
黄的是香蕉，
紫的是葡萄。

彩虹从哪里来？又将到哪里去？
我知道，我知道！
它是一大团云，
一不小心被人淋上了五颜六色的油漆，
你看，
过一会儿，就要下彩色的雨了。

——2012 年春

中国社会科学院历史研究所助理研究员、中国童蒙文化研究会理事雷博先生认为，山川大地能给予儿童最直接的心灵滋养。

山峰如同大地的脊梁，在永恒的静穆中高傲地指向天空，让人安住于其广袤的怀抱，又产生超越凡俗世界之上的精神向往。

河流则是大地的经脉，川流奔腾，永无止息，让人在一去不复返的时光之涌中感受到自我的短暂与渺小。

“我提倡让儿童在山川大地当中去体会何谓神圣、崇高、雄壮，去启蒙思想，去涵养心灵。我们带着孩子不仅是游山玩水，也要登山临水，感受山川的气象，还要吟山咏水、跋山涉水，从而知山知水、乐山乐水。”雷博表示。

带孩子多走进大自然，和他一起感悟自然是孩子成长中非常重要的事情，这样孩子才有机会打开心灵与自然对话，与山川对话，与自己对话。

二、阅读是诗歌创作的源泉

梦蕊是微信公众号“给孩子读首诗”的特约小诗人。她笔下潺潺流出“每个人都在盼望着 / 有的盼望很遥远 / 有的盼望就近在眼前”这样的句子，也跳跃着“小熊们忙着从蜂窝里拿蜂蜜 / 好用蜂蜜在舌头上写故事”的可爱场景。

梦蕊的妈妈说：“在梦蕊写诗这件事上，我真的没有专门付出什么，如果说有，就是从小坚持陪她亲子阅读。在梦蕊 5 岁以前，我每天都坚持给她读绘本，也就是每天睡前半个多小时，看似不多，但一直坚持着。

“她快 5 岁时，有一天我给她读《蝴蝶·豌豆花》，其中有一首诗我读完后，她说：‘妈妈，我感觉他好像没有写完啊。’我就引导她说：‘那你觉得还要写些什么呢？’于是女儿便开始续写。这首诗忽然勾起了她对诗歌的兴趣，从续写、仿写开始，一发不可收拾。

“这时我看到了梦蕊对读诗和写诗的兴趣，就开始经常给她读诗，鼓励她写诗。我一直坚持每天陪她读书，我想写诗可能就是她长期积累、厚积薄发的结果。”

清晨，
窗台上，
蜗牛扭来扭去躲避雨水。
我种下一朵花，
静静等待它绽放出那桃红色细细的花瓣。
天花板上的茧，
蝴蝶何时才能破茧而出？
下着毛毛雨的花园，
冷，
却挂着微笑。
花园里正在织网的蜘蛛，
何时才能展开一张巨大的细致的网？
雨停了，
太阳一点点露出笑脸，
阳光慢慢地温暖着这雨后的世界……

梦蕊（7岁）

三、和孩子一起爱上写诗

可可是北大老师，是两个孩子的母亲，还是美丽清新的文艺女青年。三年前，她与另外两位北大校友海慈、静心一起创办了微信公众号“给孩子读首诗”。当时，另一位北大校友，诗人、中坤集团董事长黄怒波曾对她说：“如果你不辞职来干，这件事情你坚持不了三个月。”现在已经过去整整三年了，微信公众号“给孩子读首诗”坚持在每晚八点半以一幅童画、一首诗歌陪伴孩子，从未间断。

可可说，这三年来让她在百忙之中坚持如初的动力就是纯粹的喜爱。“我创建的是一个纯公益的平台，不掺杂任何商业利益，所以我从不为流量的多少和盈利的高低而焦虑。我就是想把自己这一份对诗歌、音乐和艺术的喜爱向更多的孩子和家长传递，希望我们能一起唤起孩子心底的诗意，希望用最美好的诗歌陪伴孩子成长！”

在繁忙的工作之余，可可常常拿个小本，把心里想对女儿说的话以及和女儿的对话记录下来。她发现，这些词句自然而然地成了美丽的诗句。是啊，从宝贝出生的那一天起，母亲就陪伴着宝贝的每一次欢笑、每一次流泪、每一点成长。当凝视着他们如天使般的脸庞，我们心里都会涌起无限的柔情和感慨。那么，让我们拿起笔，记录下来自我们内心深处的声音，那就是我们送给孩子的最动人的诗句。

宝贝，你听，

窗外的风多大啊！

可是我以为，

那是风在跳舞。

——可可·给孩子读首诗·第35期《可是我以为》

在付出的同时，可可也得到了最宝贵的收获，女儿Lily（莉莉）从4岁起就不时用诗中的语言与她对话：

“什么声音在响？”（燃气灶点火的声音）

“妈妈，这是时间的声音啊！”（语出原创诗《蝴蝶》）

“你是仙子，怎能这样对待弟弟呢？”（女儿将弟弟锁进没开灯的房间）

“妈妈，天使也会犯错。”（语出原创诗《我有一个弟弟》）

更让可可惊喜的是，女儿还突然自己创作了一首诗：

有一天，

天上的星星在发光，

一闪一闪的像一块宝石。

你听着是有点声音，

不过它不是星星，
它是一朵玫瑰花。

作为妈妈，和孩子一起读诗、写诗都是滋养亲子关系的养料，是帮助自己和孩子一起成长的最美好的事情，而母亲的诗句，是对孩子最好的启蒙。

四、尊重孩子的个性

在童年时代，孩子往往出口成诗，那是因为他们的心灵本身就是一片没有被尘世污染的花园，种满了诗情画意，一旦有外界的刺激，一行行诗句便会像开闸的泉水倾泻而出，纯真自然，带给大人无穷的惊喜。这些诗句是他们个性的展示与流露。

树才认为，每一种个性的孩子里都包含着天才。诗就是要讲究个性，在诗歌的世界里，个性是比钻石还要珍贵的事物。对童心与个性的赞美与肯定，会让孩子面对这个语言纷繁复杂的世界时有足够的信心，使他们能够忠实于自己内心地去表达。

孩子写诗没有具体的方法和技巧，也没有什么道理可讲，就是要让孩子心里的感情直接地流露出来，让孩子的个性得以舒展。那么，尊重孩子的个性，无论他是内向的还是外向的，无论他是活泼的还是安静的，都不强求他努力改变自己，保护孩子那颗富有诗意的心，不对孩子冷嘲热讽、大吼大叫，就是每一个父母要努力做到的事情。

为 TA 组织一场诗歌朗诵会

“独读书不如众读书”，同样，独读诗不如众读诗。为孩子们策划组织一场诗歌朗诵会，让他们聚在一起读一读自己写的诗或是读一读经典佳作，是特别有意义的事情。因为少年时期是人一生中最美的年华，朗读是展现文字的生命，少年朗读则是在最美的年华与最隽永睿智的文字相知相遇，相伴相依。

策划一场诗歌朗诵会，需要做如下准备：

1. 确定主题。
2. 让孩子们根据主题，自己写诗或者找到一首自己喜欢的诗。
3. 为每首诗歌制作背景 PPT 和背景音乐。
4. 找一个合适的场地，最好能和主题的氛围相契合。

2017 年 3 月，中信出版集团以“春”为主题，组织了一场小读者们的原创诗歌朗诵会。窗外细雨霏霏，孩子们在一首首或迷离或梦幻的乐曲中，朗诵了自己写作的对于春天的咏叹和赞歌。

小才女解千惠的诗句惊艳四座：

我心，是舟，我愿，载着一舟梦想；我心，是歌，我愿，把它唱给你听。是谁吟起这春的乐章，青苔悄然雕刻了时光；是谁吟起这古老的梵唱，编奏春的狂想。

她说："我喜欢写诗，因为我喜欢在文字的柔波里遨游，享受灵感停留在笔尖的微妙，黑白文字描绘出人间四月天；我喜欢阅读，因为读书可以让我来一场说走就走的旅行，可以让人过很多次不一样的人生。"

小诗人朱睿仪的诗句如她本人一样轻灵秀美：

假如我是一朵雪花，在空中飘舞，是那样潇洒，是那样自如。

不去炽热的盛夏，不去冰冷的泥沼，不去荒漠的寂寥，不去都市的喧嚣。

凭借我轻轻的身躯，来到了她的衣摆，感受到了温暖，消融，消融，融入了早春的泥土。

假如我是一朵雪花，我一定认清自己的方向，找到属于自己的一片天空，找到那与众不同的神秘归属……

谈到为何要写早春的雪花时，朱睿仪说："在世界万物中，我最喜欢雪花，我喜欢她的轻盈自然、洁白高雅，更喜欢她的自由。我常梦想着能像雪花一样自由，去任何想去的地方，做任何想做的事。"她这样描绘自己写诗的感受："有时候灵感来了，让人不由自主地拿起笔把内心涌动的情感记录下来；有时候脑洞大开，就想马上用自己独特的语言把它表达出来。写诗让我很放松，让我不愉悦的心情变得轻松、明朗，我很享受这个过程。"

而在另一场以“家”为主题的诗歌朗诵会上，小诗人李欣宸深情的朗诵让众人感动：

> 家是幸福，在家的孩子啊，享受着父母的关爱，生活弥漫着芬芳；家是依靠，是提供补给的港湾，只要有家，随时可以起航；家是信念，理想从家中萌芽，爱和支持给梦想滋养，为更好的自己而成长；家是憧憬，我心中的美好家园里，树叶发光，花果飘香，小鸟欢唱，霞光万丈，让我们看到绝境中的希望，用希望将明天点亮。

他想，如果那些身处绝境中的人能够感受到家的温暖和爱，就能帮助他们摆脱困境，勇敢面对人生。所以他想用诗来鼓励大家，给大家以勇气。

在诗歌朗诵会上，孩子们展现出的才华和思想让在场的每一位成年人惊叹不已。家长有必要给孩子搭建一个小小的舞台，让他们自由地书写自己的年少时光，以诗会友，结伴吟诵属于自己的美好年华，这也是让他们的想象力、创造力得以发挥的美好天地。

以诗育人

孔子说：“不学诗，无以言。”中国是一个重诗教的国度，诗教传统延续至今。近年来，北京很多中小学兴起“以诗育人”风气，在校园中开展丰富多彩的诗教活动。例如，人大附中开设的古典诗词写作课深受学生欢迎。另外该校还开设各种类型的诗歌类学生社团，例如槐雪诗社、鹤鸣朗诵社、木瓜读书社等；老师们倡导亲子读诗，一家人共同讨论诗词。人大附中校长翟小宁接受媒体采访时曾表示：“让我们人生的每个阶段都与诗相伴，一个有诗词修养的人也会有文化底蕴和文化良知。诗，使人温和、柔软、敦厚、优雅。”北京史家小学教师张聪认为：“与一些教育者片面地强调学生的古诗词积累数量不同，我们更关注孩子与诗歌相遇的经历，更强调对孩子‘诗心’的培养。”

树才说，如果孩子们掌握了诗歌这种与心灵休戚相关的语言，便不会再轻易地被外界僵化、机械、空洞的语言挟持。诗将带领孩子们去向更开阔、丰富的生命之域，在漫长的人生中保有一颗柔软、细腻的心灵。

“愿诗歌是孩子们心中那束不灭的光，指引孩子们去发现美，追寻美。”可可这样祝福。

或许很多年后，当孩子们身处某一座小岛，在某一个街头，当天边又出现了一轮美丽的彩虹，童年的记忆便会随着那些诗句涌上心头，这便是诗歌在他们的人生中留下的最动人的、永不磨灭的痕迹。

有个不焦虑的妈妈，是孩子最大的幸福

当下，焦虑是每一个妈妈的通病，无论是职场妈妈，还是全职妈妈。孩子不爱写作业，不愿意练琴，不爱学英语，成绩总是提不上去，在学校里又和同学打架了……妈妈们的焦虑五花八门，但 99% 都是关于孩子的。

我也是一个妈妈，对此感同身受，深刻理解，但妈妈的焦虑会自然而然地传给孩子，会让他们成长中的幸福感、安全感大大降低，也不利于孩子在年少时建立良好稳定的心理基础，学会自我的情绪管理。所以，作为一名妈妈，需要学会管理自己的情绪，不让孩子在你的焦虑下战战兢兢地学习与生活。

“人生是一场马拉松啊，不要太在乎孩子起跑时的速度，不要太在乎他一时的输赢！”清华附中副校长秦洪明老师的一番话让人醍醐灌顶，“孩子是否身心健康，是否向上向善，才是决定他最终能否成为人生赢家的关键。所以，家长们，请放松一些，请适当降低对孩子的期望值。”

让孩子慢慢找到属于他的那扇窗

回顾自己这一路的成长与经历，我觉得，有一些经过实践检验的方法能够帮助妈妈们减轻一些焦虑。

记得在云舟上幼儿园的时候，他们班设有钢琴课。云舟对钢琴一点儿兴趣都没有，每次坐在钢琴前都如坐针毡，应付了事。我并没有对她吼叫咆哮，而是顺其自然。一个学期末，幼儿园举办了一场钢琴汇报演出。不少孩子的演奏如行云流水，获得热烈喝彩，他们的妈妈都面露骄傲之色，云舟却弹得磕磕绊绊，不成曲调。演奏完后，云舟走下台扑到我的怀中，哭了起来。我把她带到教室外一个没有人的角落，抱着她，擦干她的眼泪，温柔地对她说："宝贝，没关系的，不用难过，没有谁会把每件事情都做得足够好。你钢琴弹得不好，或许是因为上帝没有给你这样的天赋，但妈妈相信，你一定能在别的事情上做得很棒！"

每个孩子都有一扇属于他自己的窗。在窗外，有一片只属于他的玫瑰园；在那里，他会爱上自己的小天地，会悉心地耕耘它、呵护它，最终它也会如玫瑰般热烈绽放。所以，请相信，在成长途中，每个孩子终究会找到属于自己的那扇窗，只是需要每一位母亲付出足够的时间和耐心去等待。这个过程或许漫长，但请不要焦躁，请足够相信。

上小学五年级后，云舟开始展露她的文学才华。云舟说，她终于找到了属于自己的那扇窗。

窗外

——对于每一个爱做梦的少年，窗外的世界都是迷人而多彩的。

这世上有各种形色不一、奇形怪状的窗户，从中看到的风景一定是不同的。窗外，你可看到满天的繁星、金黄的稻海、雪白的芦苇、雄伟的高山、清澈的小溪、蔚蓝的大海。

这世界上的每一扇窗户都是一个故事，都是一个大不一样的人生。不管你是在哭泣还是在欢笑，打开窗户，那里有一片只属于你的天地。在那里，你可以尽情地做自己，享受只属于你的风景。在夜晚，每一扇窗都闪着不同的光，不管是什么光，都是迷人的。

你可知道，在那窗的后面，总会有它的故事，不管你遇到了怎样的困难，那扇窗总会默默地听你倾诉满腹的苦恼，帮你将寒冷的夜风抵挡在外，为你守护着温暖的天地。

你不用去考虑外面的世界有多可怕，只要打开窗户，窗外的那一片天空只属于你，它仍是迷人的。有时，我们也会判断窗外的风景。走到一扇窗前，看见一只可爱的小狗被埋葬，眼泪会不由自主地涌出来——别担心，你只是开错了窗。来到另一扇窗前，那里有一株娇艳的玫瑰为你开放。

只要你细心地寻找，总会发现一扇为你而开的窗户。你不用着急，它总会来到你身边。你要做的是相信自己，做真实的自己，那扇美丽的窗会不约而至，来到你身边。

窗外的世界是多么让人期待。我们只要打开心灵的那扇窗，美好的景色就会到来。不要对生活报以灰色，那扇你期待的窗依然在等你。

——云舟

万科集团董事局主席王石先生曾说过："任何当下让你焦虑不已的事，十年后回头来看时，都会觉得不值一提。"这个道理也同样适用于妈妈们对于孩子的成长焦虑。孩子终究会慢慢长大，虽然不一定是按照你预想的方式，所以让我们放松一些，与他平等对话，和他一起成长、一起进步，这样才能找到解决孩子成长烦恼的好方法。

挤出属于自己的时间

减轻焦虑的另一个方法是，母亲不要把孩子看成是生命中的唯一，而是应该拥有自己的时间，做一些自己喜欢的事情。对于一些妈妈，尤其是全职妈妈来说，孩子就是生活的全部重心，每时每刻都在围着孩子转，孩子的一点小事都容易引发她们的焦虑情绪。而作为一名女性，除了家庭、孩子之外，还需要有自己的爱好、自己的朋友、自己喜爱的事业，需要建立自己的精神世界。

可能很多妈妈会说，哪有自己的时间啊？没错，这是一个时间战场，工作、家庭、孩子都在抢占我们大量的时间，可是，只要我们善于管理时间，属于自己的时间总是会被不断挤出来的。

罗玲是一位美丽优雅的北大老师，是两个孩子的母亲。她说："我的时间并不都属于家庭和孩子。尽管我的工作异常忙碌，常常加班，但每周我都会抽出时间单独和闺密聚会；每个月，我都会自己去听一场音乐会；每年，我都会安排一次只和好朋友出游的旅行，把老公和孩子放在家里。这样给自己充电，才能使我更热情满满、面带笑容地投入家庭生活中去。"对于罗玲老师的生活态度，我深表赞同。

尽管生活琐碎繁杂，常常令人疲惫不堪，但请一定给自己留出一点时间，让自己的心能享受到哪怕片刻的美好和安宁，这样你就会重新发现生活的意义，不再为孩子的一点小事而焦虑不已，这样的你才是孩子所期待的母亲。

实现自我成长

自我成长是家长陪伴孩子的十几年中最重要的一个命题，尤其是对于母亲来说。时代日新月异，新知识、新事物层出不穷，我们唯有不断学习，不断更新自己，才能和孩子一直保持没有障碍的沟通和交流，才能给孩子一个高质量的生命陪伴，才能在关键时刻给予孩子正确的指引。

职场妈妈请一直保持对事业的热情和追求，保持一颗上进的心，你的不懈奋斗是对孩子最好的言传身教；全职妈妈请保持阅读习惯，多和外界交流，坚持自我学习，不断开阔自己的视野。更重要的是，我们需要保持对生活的热爱、对世界的好奇、对人生的执着。我们需要把培育孩子看成一次难得的自我成长机会，由此学会更好地管理自己的时间和情绪，更好地提升自己的认知水平。

家庭教育的实质其实是家长的自我学习和自我成长，我们只有不断开阔视野、提升格局，才能把孩子带入一个更加广阔的天地，才能和孩子一起，看见更加遥远的未来。“欲穷千里目，更上一层楼。”让我们共勉。

母亲唯有阅读，
才能匹配孩子的未来

2018年初夏，在陪云舟参加北京市小升初的各个学校面试中，有一件事让我印象深刻、感触颇多。

在一所知名中学的首轮面试中，老师首先问了孩子很多有关阅读的问题，例如：你读过哪些书？你用的是哪些阅读方法？你读过科技类的图书吗？你读完过一本大部头的书吗？哪本书让你最有收获？为什么……

之后，老师又把陪同孩子的妈妈单独请进教室，和妈妈聊了一些关于阅读的问题：

您陪孩子读书吗？

如果是，您和孩子同读过哪些书？

您为他选书吗？

选哪一类的书比较多？

您平时读书吗？

您喜欢读哪一类的书？请给我们分享一下您最近读的一本书。

……

参加完这个面试，有的妈妈面露笑容，有的妈妈则小声抱怨，问题太难了，真不知该如何回答，而我则是非常欣喜，因为从本次面试中读出了教育改革的一个积极信号：学校更加重视孩子的阅读和父母的阅读，重视父母的文化素养，这说明学校更加肯定家庭教育的重要意义和不可替代性，因为教育不单单是学校的事情，更是父母的事业。一个人如果从小没有接受良好的家庭教育，学校教育大概很难在其身上正常实现。所以，这可以视为对父母的鞭策与鼓励，鼓励我们不要放弃自我学习。

我认为，希望父母尤其是母亲坚持阅读，不仅仅是学校和老师的要求，更是家庭文化建设的需求，是教育下一代的必然需求。在本书的写作过程中，我采访了一些优秀少年和他们的母亲，发现了一个事实，这些孩子的母亲无一不是受过良好的教育，知性优雅，谈吐有物。她们无一不是对孩子的阅读高度重视，说起孩子读过的书和自己读过的书如数家珍，侃侃而谈。的确，每个家庭的藏书都记载着父母和孩子的精神发育史，都传承着家庭的文化，是最值得收藏的家珍。而这些家珍，基本上都是由父母，尤其是母亲传承给下一代的。

阅读决定了家庭的软实力

前面提到的《柔性的专断：耶鲁女孩成长记》的作者郭力老

师是我的好朋友，她的女儿 2005 年被美国著名私立高中迪尔菲尔德学院（Deerfield Academy）全奖录取，2007 年被美国耶鲁大学、普林斯顿大学全奖录取，2014 年被哈佛大学全奖录取，现为美国多家主流媒体《纽约时报》《大西洋月刊》《外交政策》《外交事务》，英国《柳叶刀》《展望》等杂志特约撰稿人。

可以说，郭力老师是名副其实的牛妈，但她不是虎妈。她是北大中文系硕士，饱读诗书、睿智过人。她曾给我们分享过“论家庭软实力”的讲座，其中的核心观点是，家庭在教育上的投入，包括给孩子买学区房，报各种兴趣班、补习班，让孩子上价格不菲的国际学校等，这是家庭的硬实力，而父母，尤其是母亲的学识、见识和视野，母亲的自我学习能力、反思能力和自我成长能力是家庭的软实力，而这才是家庭教育成功与否的关键。但现在，家庭的软实力往往被很多人忽略了。

上小学后，云舟告诉我，班上有不少同学的妈妈都全职了。我问云舟：“你希望妈妈全职吗？”她说：“希望啊，这样每天下午 3 点放学时你就可以来接我，就可以为我准备美味的晚餐了。”我告诉她：“可是妈妈不希望全职哟，因为妈妈在工作中能不断学习、不断成长，这样才能带给你更广阔的视野、更丰富的见识。至于放学接你、做晚餐的问题，妈妈可以请外公外婆代劳哟！”云舟似懂非懂地点点头。

在这个价值取向多元的时代，每位妈妈都有选择自己生活方式的权利，这无可厚非，只是建议，妈妈们在回归家庭后，千万别让孩子成为自己世界的全部，更别让自己成为孩子的全部，万万不可沦为孩子的高级保姆。

我身边还有另外一类妈妈，她们是事业上的女强人，为了显示自己虽然忙但仍把孩子的教育放在首位，她们给孩子购置了天价学区房，给孩子报满了各种补习班、兴趣班，把孩子的所有业余时间、寒暑假都填满，似乎觉得只有这样，才能对得起孩子也对得起自己。

但是，她们似乎从来没有和孩子一起读过一本书。妈妈们忙可以理解，但这样的做法无疑是缘木求鱼，她们放弃了亲子关系中需要构建的最重要的一环——和孩子的心灵一起成长。这真是让人遗憾。

母亲的见识的积累、视野的拓宽，可以通过多种方式来获得，例如旅行、游学、参加一些兴趣班等等，但是最有效、最经济、最持久的方式就是阅读——自己阅读，与孩子一起阅读，读各类经典书、新书、好书。母亲唯有不断读书，不断丰富自己，才能匹配孩子的未来。

阅读提升自我

作家阿瑟·克拉克的墓志铭写道："我永远都没有长大，但我永远都没有停止生长。"

在这里，我给各位妈妈推荐一些自己读过的让我受益匪浅的好书：《好妈妈胜过好老师》（尹建莉著）、《一岁就上常青藤》（薛涌著）、《傅雷家书》（傅雷著）、《孩子你慢慢来》（龙应台著）、《正面管教》(简·尼尔森著)。

没有哪一位女性生来就会做母亲，我们需要那些优秀前辈的指引，需要一双温柔而坚定的手扶着我们走过最艰辛、最迷茫的时光。所以，我们需要读这些充满人生智慧的好书，它们教会我们如何做一个合格的母亲。

除了读教育类书籍之外，母亲还应该和孩子一起读书。我在之前的文章中有过相关论述。

在云舟的幼年时代，我和她一起读完了《唐诗三百首》《朱自清散文》《朝花夕拾》；在她的少年时代，我和她一起读《红楼梦》、《哈利·波特》、《美国国家地理》(少儿版)；在她即将步入青年之时，我们一起读《平凡的世界》《老人与海》《人类群星闪耀时》《三体》……在漫长的同读岁月里，我不仅仅重温了经典，更和女儿一起学习了无数新知识，一起遨游于人类的过去与未来的长河中。

女儿的未来是怎样的，我还想象不出，但有一点我很清楚，那就是无论她将来做什么，在何方，她一定会有比我们这一代人更国际化的视野、更包容的胸怀、更具世界性的情怀!

所以在当下，我仍努力和她一起同读，只有这样，才能和她拥有共同的精神世界、共同的话语体系，才能和她一起学习，一起成长，才能匹配她的未来。·

做孩子的成长合伙人，而不是生活监工

开学时，当我们站在校门口，目送孩子们背着书包渐行渐远的背影，在秋日清晨的晴空里慢慢地模糊不见时，我们的心里充满了酸楚的柔情。但是，孩子们的心里却是另一番感受。

当与女儿告别时，我说了一句："宝贝，再见！"她立马回头很严肃地告诉我："不要再叫我宝贝了！这会被同学们笑话的！"

孩子一天天长大，随着他们的年龄和身高一起生长的，还有他们的那颗心。如今，他们已经适应了学校生活，交到了很多新朋友，开始拥有自己的社交圈。他们如同羽翼渐丰的小鸟，渴望拥有更多的自由，渴望飞向更广阔的蓝天。于是，他们对从前与妈妈之间甜腻的亲密关系不再满意，渴望一种新型的亲子关系。

中国青少年研究中心的调查数据显示，半数以上中小学生网民表示，不希望成年人总是跟他们唠叨。该中心的另一项研究发现，高中生宁可跟网友说心里话，也不爱跟父母说，表示愿意跟父母说心里话的高中生仅有三成。由此看来，与00后亲子关系的重建，是摆在每一位家长面前的重大挑战，也是值得每一位家长认真思索的问题。

父母该管的和该放手的

小 A 是我朋友的女儿，她天性开朗、学业优秀，是个“别人家的孩子”，可前不久在她和她妈妈来我家玩时，她曾悄悄告诉我：“阿姨，我这个暑假又泡汤了！我妈又给我报满了各种培训班！”她一脸愁云，“我真羡慕云舟，她能自己安排假期，而我的童年就是在学而思，在各个培训班中度过的！”

我的这位朋友是某知名企业的高管，是典型的空中飞人，时间管理精确到分秒。她也曾向我倒苦水，每逢孩子放假是她最头疼的时候，而把孩子送到各类培训班，她认为是最高效、最省心的办法。“你看，这样孩子既学习了，又有了安全保障，还没有浪费时间！”她对自己的精英管理法颇为满意。“那你问过你女儿的感受吗？”我提醒她。“我知道，她不喜欢这样，她想多玩玩，但是，这个事得听我的，我这是为了她好，为了她有个美好的未来！”

小 B 是云舟的同学，她写作、画画俱佳，很有思想，是个小才女。她的母亲是一位全职妈妈，平时总是寸步不离地陪在她的身边嘘寒问暖，事无巨细。在一次同学聚会上，她兴高采烈地告诉我：“阿姨，我要去读寄宿学校了！我终于要摆脱我妈了！您知道吗，她平时连我在饭桌上吃哪块肉，穿哪件衣服都要管！我都快要窒息了！她总说是为了我好，可我觉得这样对我一点都不好！”

“我是为了你好！”这句话是何等熟悉。在我们年少时，我们的父母常常把此话挂在嘴边，所以我们必须事事遵从父母的意见，小到衣食出行，大到选择学校，选择未来方向。

于是，我们不假思索地把此种亲子关系复制到了我们和自己的孩子之间，尽管我们受过了更好的教育，看过了更多的世界。我们似乎从来没有反思过，这样的“为你好”是否为孩子所接受，是否真的是为孩子好，是否有可以改进的空间。

正如一位心理专家所说：“为什么父母总不相信自己放手，孩子也能发展得很好呢？鞭打着孩子只能养出奴隶，不能养出学习的主人。”

我认为，在重建亲子关系上，家长应该关注和管理的有三件事：

1. 阅读。阅读是孩子认识世界、触摸人生的万能钥匙，所以父母应该手把手地把这把钥匙交到孩子手中，并教会他使用，和他一起打开精彩世界的大门。

2. 交友。中国的古语“近朱者赤，近墨者黑”早已说明交友的重要性，对于成长期的孩子更是如此。孩子的朋友对他成长的影响力远胜于家长，所以家长对他交的朋友要仔细观察与甄别，并不时提醒。

3. 运动。阳光下的奔跑与挥洒汗水，不仅能让孩子收获健康的体魄，还能增强意志力和勇气，提升团队合作力，帮助孩子练就强大的内心。家长要督促孩子制订运动计划，把孩子“赶”到操场上去。

家长该放手的也有三件事：

1. 生活细节。孩子进入中高年级后，家长只需为他们准备好衣食即可，但至于具体吃什么、穿什么，应该让孩子自己做主，让孩子掌握基本生活能力。

2. 兴趣爱好。每个孩子都有自己的兴趣喜好，只要它是健康的、合理的，家长就不该横加干涉，给他们一份自由，让他们找到生活的乐趣。

3. 陪写作业。我在本书的另一篇文章《用阅读让孩子告别拖延症》里写过，孩子也需要被信任、被尊重、被理解，所以在写作业这个问题上，要像管理团队那样管理孩子，要对他们信任和放权。

什么是成长合伙人

在家长最关心的学业问题上，我建议，家长和孩子可以用“成长合伙人”制度来进行管理，即家长和孩子共同商议并制定学业目标，然后放手让孩子自主学习，家长提供各类支持，包括资源、时间和技术支持。

如果孩子完成阶段性目标，家长和孩子应该共同庆贺，如果没有完成，也不要责骂孩子，而是应该和孩子共同找原因，互相鼓励，一起努力开启下一个阶段的学习。

云舟说，比起做我的宝贝，她更喜欢做我的“合伙人”，因为这个感觉让她很舒服自在。她告诉我：“我们的同学都很羡慕我和你的合伙人关系。他们都说，希望自己的父母也不要再把自己看成是他们的小宝宝，事事命令，事事代办，而是要和自己做合伙人，平等独立，一起奋斗！”

此事缘起于我和云舟共同运营她的微信公众号“云舟看世界”，这个公众号运营至今已快两年。在这期间，我和她组成一个团队，分工明确地工作。我们常常为一个标题而冥思苦想，为用哪张图片而争论半天，为某篇稿件点赞众多而击掌庆贺。

云舟说：“与老妈一起奋斗的过程棒棒的！”近几个月，这个公众号发布的一些文章开始不断收到粉丝的打赏。于是，按照之前我和云舟约定的占股比例，我们开始每月一次的分红，也算是初尝了胜利果实的滋味。

这种关系是一种新型的亲子关系，父母和孩子组成一个团队，为同一个目标携手前行，彼此理解，相互信任，相互尊重。保持各自的相对独立性。这样的亲子关系一定是00后内心真正接受和喜欢的，我给它起了个名字叫“成长合伙人”。

制定“成长合伙人”规则

在孩子的成长路上，我们做家长的不应只扮演教导者的角色，当孩子进入少年时代后，我们还要与他们拥有共同的愿景和目标，共同去完成一个任务，确立分工，彼此支持，成功共享，甚至利益共享，就像真正的合伙人那样。

父母与孩子的“成长合伙人”关系，需要遵循几个原则：

1. 目标要在沟通后达成一致。

2. 梳理清楚各自的优势和短板，确定分工与协作，优势互补。

3. 彼此鼓励、彼此信任、彼此尊重。

4. 建立有效的沟通机制，彼此倾听、各抒己见、民主决策。

5. 遇到问题，大家一起沟通解决，而不是相互抱怨。

6. 取得阶段性成果后共同分享，并确定下一个奋斗目标。

后来，在云舟成长途中面临每一个选择的时刻，例如小升初的择校问题上，我们都和她一起讨论，列出利弊、各抒己见，最终我们尊重她的选择。

由于工作的关系，我接触了不少00后的孩子，他们广博的见识和善良的内心让人由衷点赞，我不由得由衷感慨，这一代孩子们的智慧和潜质已经远远超出了我们的想象。所以，我们做父母的唯有与他们建立起合伙人一般的关系，与他们一起学习、一起成长，一起努力，才不至于被他们抛在身后，才能和他们一起到达无法想象的未来！

第三章

阅读赋予孩子卓越的品格

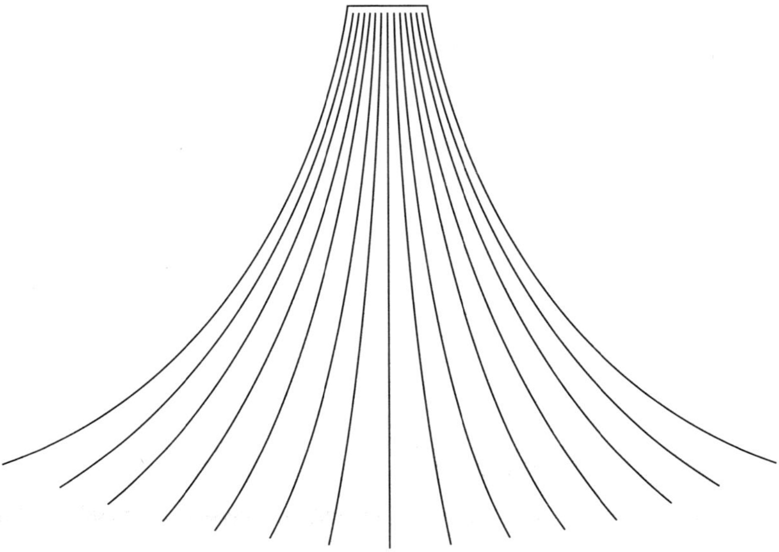

用阅读培养有责任感的好孩子

潘幸泉是一个如阳光般朴实，又像阳光般耀眼的孩子。

初识幸泉，是在第十八届“中国少年作家杯”全国征文大赛的颁奖典礼上，她作为获奖代表发言。她说：“我常常会思考这样一个问题：我们写作究竟是为了什么？人活着，应该做一个对他人、对集体、对社会有用的人。爱，不仅仅是一种情感，更要上升为一种实实在在的能力。写作，就是一种实实在在的能力。因为，文字可以感染人、感动人，引领人的思想。

“所以，我要向‘中国少年作家杯’全国征文大赛的所有获奖选手发出倡议：

“作为新时代的文学青少年，我们要用眼睛观察生活，用心灵感悟生活，拿起手中的笔，歌颂真善美，鞭挞假恶丑。希望从我们的笔尖下流淌出的文字，能够成为丰富人们生活的精神食粮，成为推动社会发展的一股力量，让社会文化思潮因这些文字而向善向美，让中国文学昂扬屹立于世界文学之林而经久不衰！”

她铿锵有力、激情满溢的一席话，获得了全场雷鸣般的掌声，而其思想的深度更是让人惊讶与赞叹。

15 岁的潘幸泉已是全国青少年的知名人物，她是 2016 年度全国最美中学生十佳标兵，在妈妈的帮助下创办了爱心社，坚持做公益已有8年，不断传递正能量；她是一个热爱生活的小作家，已在各类期刊杂志上发表文章百余篇，现已出版个人作品集《记忆的颜色》《心有天堂》，任中国少年作家学会副主席；她多才多艺，是中国青少年手风琴乐团团员，获手风琴十级证书、全国青艺节彩铅画少儿组金奖、河北悦读越爱朗诵比赛特等奖……

在与幸泉的交谈中，她一直在说服刑人员子女的成长问题、文学少年的社会责任问题……她总是关心一些与她的中学生活看似遥远的东西。我深深感到，她是一个心怀大爱的少年，她身上有着似乎与她的年龄不相符的社会责任感。在这个日趋功利化的教育大环境中，幸泉对社会现实问题的深切关注与努力践行好似一股清流，让人感到弥足珍贵，她理应成为亿万少年的榜样。

社会责任感是指个人对整个社会的良性发展需要承担的责任，是在社会里每个人对其他人的伦理关怀和义务。而社会责任感则是指个人不仅拥有对社会的责任感，还拥有把社会责任感转化为实际行动的能力。这种能力对于成长中的青少年尤为重要。

一个孩子拥有社会责任感，才会立足当下，胸怀天下，目标远大；在未来，他才不会轻易被物欲和其他逆流裹挟，迷失人生的方向；拥有社会责任感，才会成为一个对自己、对家庭、对社会负责任的人，成为一个合格的世界公民。培根曾说："责任心是世界上最珍贵的种子，它若早早地被播种在孩子的心田，将会收获一生一世的幸福。"

我们需要让孩子们知道，对于存在诸多现实问题的社会，对于这个百病丛生的地球，我们不能只是向它索取，对它指手画脚、百般挑剔，而是应该用实际行动去回报它，用无私的行动去改变它。这是每一个少年所肩负的义不容辞的责任。

爱别人，是一种实实在在的能力

先给大家分享一下幸泉的故事吧。

二年级时，幸泉的班主任生病了。孩子们都很着急，妈妈就建议她给同学们写一封倡议书："为了让老师安心养病，我倡议同学们都好好学习！"这是幸泉爱心的第一次小萌芽。"每个孩子都是善良的，就看家长是否善于去发掘。"幸泉的妈妈说。

之后，幸泉创办了爱心社，宗旨是："倡导大爱，反对自私，帮助他人，快乐自己。"经过精心策划和严格挑选，她组织了一支充满活力和凝聚力的爱心队伍。行动时，大家分工协作、密切配合，活动内容丰富多彩：去平山小壁林义务植树，慰问生病师生，为赞皇贫困山区小学捐书捐物，为云南鲁甸地震灾区爱心义卖，为西藏那曲二中捐赠书桌椅，为四川甘洛县热牛八嘎村捐棉衣……

"小学三年级的时候，妈妈的朋友说他到石家庄市少儿教育保护中心，看望那里的流浪儿和服刑人员子女。看到他们十分渴望与同龄人交流，我便有了组织同学们定期去少保中心做公益的想法。”幸泉说。

她的想法得到了老师的支持，得到了全班同学的积极响应。幸泉和全班同学先是举办爱心义卖和爱心捐款，募集到960元爱心款，购买了文具、水果、玩具、衣物等等，和热心家长们一起去了少保中心。

幸泉发现，这些孩子的物质生活并不匮乏，缺的是同龄人的关心和交流。“看到我们，他们的眼睛是闪光的，充满发自内心的欢喜。”幸泉说。从那天起，爱心社的同学们成了少保中心的常客。每个学期，幸泉和同学们都会到少保中心，与那里的孩子们一起聊天、做游戏、唱歌、跳舞。他们成了少保中心孩子们的好朋友。

“他们无法选择家庭，但家庭却影响了他们的生活轨迹，给了他们冰冷的历练；他们无法享受父母亲情的温柔，就让我们用真诚的爱来温暖吧。世界是美好的，但愿他们被世界温柔以待。”幸泉在她的报道《愿被世界温柔以待》中这样写道。

中秋节到了，幸泉和妈妈不约而同地又想到了石家庄市少保中心的那群孩子。于是，幸泉妈妈背上她的手风琴，幸泉拿上自己心爱的葫芦丝，又带上月饼、小果子和零食一起出发了。妈妈告诉她：“今晚我们要做他们的亲人，陪伴他们。我做中秋夜里的妈妈，你做中秋夜里的姐姐。”

到达少保中心后，孩子们欢天喜地搬上小凳子围成一圈。幸泉立刻上去给孩子们分发美食，他们则直接叫出了幸泉的名字："你是潘幸泉姐姐。你来了好多次了，你会拉手风琴，我们看过你写的书，你是《燕赵晚报》的小记者。"

幸泉先当中秋姐姐，给大家吹奏葫芦丝，一曲接一曲：《军港之夜》《康定情歌》《友谊地久天长》《荷塘月色》……幸泉妈妈弹起了手风琴，笑盈盈地对孩子们说："现在，我们来做一个音乐游戏。"操场上立刻响起了美丽的琴声和孩子们欢乐的歌声："如果感到幸福你就拍拍手，如果感到幸福你就跺跺脚，如果感到幸福你就伸伸腰，如果感到幸福你就拍拍肩！"

"对于生活在这里的孩子，我并没有过多的同情和怜悯，更多的是一种由衷的敬佩。苦难和挫折是一把冰冷的刀子，猝不及防地插进了他们那弱小的心，而且永远无法痊愈。但是，他们拭去了溅在身上的血迹，继续走着那条未知的、神秘不可测的人生之路。"幸泉这样写道，"我们同在一片蓝天下，但他们比我们更加懂得珍惜和感恩。他们记得那些帮助过他们的人。帮助过他们的人像一剂剂治愈顽疾的药膏，一层一层地涂抹着他们心上的伤口，一次一次地治愈着他们的心灵。"

上初中后，幸泉又把坚持了五年的爱心社带到了第四十一中学，成立了"41·1516爱心社"，一起为少保中心小伙伴过集体生日，表演文艺节目，一起联欢，一起游戏，一起运动，与少保中心小伙伴结下了深厚的友谊，给小伙伴们送去了快乐和安慰。

而在做公益的过程中，幸泉的综合能力和素质都得到了提升：

每次组织爱心活动，她都精心策划，周密布置，写倡议书、主持词、讲话稿，排节目单，活动后及时写活动报道和感受，第一时间刊发在《燕赵晚报》上。她还利用自己的写作特长，编创并排演了爱心童话剧《寻找金春花》，社员们人人上台、人人表演。在共同寻找金春花的过程中，他们歌颂了真善美，而她的众多文艺特长也为她献爱心做了支撑。"爱别人，是一种实实在在的能力。"

八年来，幸泉创办的爱心社先后带动了十多所大中小学的爱心志愿者活动，爱心队伍越来越壮大，做的好事和帮助的人越来越多。幸泉说："善良就像蒲公英，每个人轻轻地出一点力，它就会到处落地生根。"

有人问幸泉："你难道不觉得做公益很麻烦、很辛苦吗？"她的回答是："予人玫瑰，手留余香；帮助他人，快乐自己！做公益，是大爱的释放；做公益，是天底下最健康、最快乐、最愉悦身心的运动！"

社会责任感也是阅读之花

我们今天看到的幸泉，才华横溢、爱心满满、朴实低调，她像一棵小树，绿意盎然、清新美丽，而溯其源头，其根系的发育成长就是源于阅读的滋养和灌溉。

幸泉的妈妈说："幸泉之所以有一颗丰盈的心灵，心中有大爱，是缘于读书，缘于在她人生的关键时期，优秀作家们对她思想的引领，对她品格的塑造。而做公益就是阅读后开的花，结的果。”

一、用阅读激发孩子心中的大爱

小学一至三年级，幸泉读了杨红樱所有的书。她十分喜欢书中马小跳、夏林果、笑猫等鲜活的形象，常常因为看书被妈妈一遍遍催着吃饭，催着睡觉。最有趣的是她经常以上厕所的名义躲到卫生间里，拿出藏在衣服里的书，聚精会神地阅读，一读就是半个多小时。

后来，小幸泉终于有机会采访自己仰慕已久的作家杨红樱。她问的第一个问题便是：“你为何单单要写儿童文学？”杨红樱回答：“我特别喜欢孩子。在我小时候，爸爸给我买了大白兔糖，我自己舍不得吃，拿给了一个小女孩吃。看着她吃，比我自己吃还要高兴呢！”这句话深深地埋在了小幸泉的心里。从那时起，一颗大爱的种子便开始在她的心里悄悄种下。

采访了作家杨红樱之后，幸泉又采访了“童话大王”郑渊洁。让她印象最深刻的是郑渊洁是一位公益首富、慈善作家。幸泉说：“长大后，我也要成为一名这样的作家！”

采访完郑渊洁之后，幸泉开始阅读郑渊洁的作品，并从此成了其铁杆粉丝，《杀人蚁》《五个苹果折腾地球》《皮皮鲁和金拇指》成为她的最爱。“我喜欢他天马行空的幻想，敬佩他无穷无尽的灵感和创新，欣赏他深刻的思想和直言不讳的勇气。他的文章生动、朴实，没有过于华丽的辞藻，却仿佛有一种强迫读者看下去的魔力。”幸泉说，“只要我有机会去图书馆，一定直奔他的专架，饿狼般吞食着精神食粮。”读了一段时间后，幸泉创作了一篇8000字的小说《复生》。她妈妈点评说：“有思想，有主见，有深度，针砭时弊，文笔犀利，引人深思，节奏感强，目光冷静，像郑渊洁的风格。”

著名社会学理论家班杜拉认为：“儿童通过观察榜样人物的行为，相应地会去模仿他们而习得一些社会行为。”所以，要让孩子们读一些伟大人物的传记。那些激动人心的书中故事会告诉他们，当国家有难时，伟大人物是如何挺身而出，奋不顾身的；当社会有疾时，伟大人物是如何身体力行，脚踏实地的；他们是如何在书写历史的同时，成就着自己的壮丽人生的。社会责任这个概念，会随着这些伟人的故事润物无声地植于孩子的心田。这样的方式，远胜于老师和家长们的说教。

《德兰修女传》是我推荐给中高年级孩子的一本人物传记。1979年的诺贝尔和平奖授予了印度修女德兰，以表彰她“为克服贫穷所做的工作”。她被誉为继1952年史怀哲博士获得诺贝尔和平奖以来最没有争议的一位得奖者，也是20世纪80年代美国青少年最崇拜的4位人物之一。在授奖仪式上，德兰说：“我以穷人的名义接受这笔奖金。因为我相信：你们是愿意借着颁奖给我，而承认穷人也有尊严，也有在这个世界上生存的权利。”

获奖后，她卖掉了奖章，将19万美元奖金全部捐赠给贫民和麻风病患者。这就是德兰修女——穷其一生为那些贫穷的人当中最贫穷的、孤苦的人当中最可怜的人奔波服务的伟大女性。她创建的仁爱传教女会有4亿多美元的资产，世界上的公司都乐意无偿捐钱给她，她赢得了全世界人民的爱戴。然而，当她去世时，她全部的个人财产，就是一张耶稣受难像、一双凉鞋和三件旧衣服。她让我们相信，人性与天使相比也可以毫不逊色。

教育家第斯多惠说过："教育艺术的本质不在于传授，而在于唤醒、激励、鼓舞。"用读人物传记的方式去唤醒、激励和鼓舞孩子无疑是最优质的方式之一。

二、让孩子从身边小事做起

阅读之后，培养孩子社会责任感的最关键之处便在于实践。不用先想着做大事，让孩子从力所能及的小事做起，方能建立起他们对于家庭、对于社会的责任意识。

云舟曾在班上做过一个小活动。她先问同学们，有多少人是每天自己整理房间、自己整理书桌、自己整理床铺的。结果回答"是"者寥寥无几。于是，云舟向同学们发出倡议：

> 现在，这些工作大部分都是由我们的家长来代劳，但是让我们所居住的环境干净整洁、井井有条，是成为一个有责任感的人的必要条件。我们不能想象，一个连自己的房间都

不打扫的人会有怎样的未来。

收拾自己的房间，整理我们的书桌文件，让一切都井井有条，是重要的生活能力，我们一定从现在开始学习和锻炼自己的这种能力！请相信，我们的居住空间变美、变整洁了之后，我们自己也会变得越来越美、越来越强！

在此，我号召每个同学都写一个“归纳整理计划”，让我们学会整理好自己的书桌、自己的房间！

“一屋不扫，何以扫天下。”我们需要让孩子明白这个道理，并让他从身边的每一件小事做起，把对家庭、对班级、对学校、对社会的责任感化为自己的每一次行动。

三、引导孩子做“小”公益

做公益？之前我跟一些家长朋友聊起这个话题的时候，他们提出了两个问题：1. 没时间。现在写作业、上各类课外班已经占据了孩子 99% 的课外时间，做公益似乎变得很奢侈；2. 没资源。带着孩子去孤儿院、养老院做义工，去向慈善机构捐助，这些想法都很好，但自己没这类资源，怎么办？我的建议是，做公益不一定非要去孤儿院、养老院，也不一定非要花大量的时间和精力，我们可以留意社区里、学校里的一些小事，引导孩子用自己的力量去改变它。

例如，在我家所在的小区，每到秋天落叶会堆积在池塘里，散发出异味，我建议云舟想办法做点什么。于是，云舟便和小区的孩子一起，利用每天晚饭后的散步时间打捞落叶。这个集体行动让小区里的人纷纷点赞，不少大人也加入其中。

云舟所在的小学曾发起一个“我的公益提案”活动，让每个学生仔细观察自己的身边环境有哪些不足之处，并提出自己的解决方案。有的同学提出，每天清晨，学校门口送孩子的车停放太乱，阻碍了交通，可以派几个学生协管员帮助维持秩序；有的同学提出，校门外的道路上有不少垃圾和塑料袋，可以让每个班轮流去清理……

在美国，一个孩子从小学到高中，会参加形形色色的团队活动，这些活动大都和社会需求有关，包括为学校活动筹集经费的义卖、帮助无家可归的人、收集不用的书或玩具送给远方有需要的儿童等等。在项目活动的过程中，孩子们会发现别人的需要和自己可以提供的资源如何连接，这能慢慢培养孩子们的社会责任感。

“不积跬步，无以至千里；不积小流，无以成江海。”让孩子试着用自己的想法和力量去影响和改变身边的小社会，是培养他们的社会责任感的最优方式。

目前，社会责任感的培养与提升似乎是我们现行的学校教育和家庭教育体系中很薄弱的一环。但是，我们的孩子今后无论在哪里，干什么，都需要做一个有社会责任感、有道德感的公民。这是未来对他们提出的要求。所以，只有融入了社会责任感培养的教育，才是对孩子真正“完整的”教育。

读对了书，孩子学会尊重与爱

云舟快要开学了。这一次开学对于云舟来说意义非凡，因为她告别了六年的小学时光，告别了那群朝夕相伴六年的小伙伴，即将进入中学，来到一个完全陌生的环境。

昨晚，她忧心忡忡地对我说："不知道在这个新学校里，我能否交到好朋友，能否成为一个受欢迎的人。"

云舟所面临的困惑，也是许许多多少年面临的。年少时，除了学业之外，孩子们心底最在意的就是能否得到同龄人的认可，能否收获友情。

友情对于孩子们来说，是他们最珍视的感情。它是一座旋转木马，可以带给孩子无尽的欢笑；它是一双温暖的手，可以擦去孩子眼中的泪水；它是一盏鹅黄色的灯，可以照亮孩子心底的角落。孩子的心灵比成年人的更加纯净、敏感和脆弱，所以他们往往更能体会到友情的美好与珍贵。

如果孩子在十余年的校园生活中，收获的是同学的信任、理解和喜爱，收获的是真挚的友情，那么，他定会成长为一个积极、阳光、善良的人，定会拥有健康的人格和心理，从而奠定美好人生的根基。

那么，家长应该怎么做，才能帮助孩子收获友情呢？

与大家分享一个我和云舟的小故事：

云舟上三年级时，有一天回家，很是闷闷不乐。她告诉我，她的两个最好的朋友月月和纷纷不跟她玩了。她发现，最近月月和纷纷总是躲着自己：“今天放学，我悄悄跟在她们两个身后，听见她们在说，这个周末一起去看电影，还说，千万别让我知道！”

我问云舟：“你知道是什么原因吗？”她表示自己也不知道，所以很伤心。于是，我拉着云舟的手，走进了书房。每天与云舟的 30 分钟共读时光是我们俩的 happy time（快乐时光），沉浸在美好的阅读里不仅能让我们暂时忘掉所有的烦恼，而且总能找到化解烦恼的答案。

吃一颗靛蓝色的友情棉花糖

“我们今天读点什么呢？”我想了想，从书架上取下了那本《孩子，先别急着吃棉花糖》，对云舟说：“这本书，一年级的时候咱们一起读过，你很喜欢呢，还记得吗？小主人公珍妮弗的爸爸给了她七颗彩色的棉花糖，帮她解决了很多难题。咱们也一起来找找看，这本书里有没有你需要的那颗棉花糖。”

在《孩子，先别急着吃棉花糖》里，小女孩珍妮弗在成长途中遇到了诸多烦恼，例如考试考砸了，同学们都不喜欢她，减肥失败了……于是，他的爸爸给她讲了一系列妙趣横生的关于棉花糖的故事：建立自信的橘色棉花糖、提供学习动力的红色棉花糖、掌控时间的黄色棉花糖、减肥妙药紫色棉花糖……

吃着这些五彩缤纷的棉花糖，珍妮弗学到了很多大人梦寐以求的法则。这些法则能帮助孩子慎重地选择在人生的道路上遇到的每一次机会和诱惑，为将来的成功打下良好的基础。

翻开目录，第六颗棉花糖是“找到好朋友的靛蓝色棉花糖”。我高兴地对云舟说：“今天，我们一起来尝尝这颗靛蓝色的棉花糖是什么味道的吧！”

这个故事讲的是：

暑假快到了，珍妮弗的同学亚丽莎给班上的二十个同学发出了生日派对邀请，邀请他们参加自己将在大海的私人游艇上举办的烟花派对，以此向同学们告别，因为亚丽莎将要和父亲一起移民了。

珍妮弗因没有收到亚丽莎的邀请而非常难过。她很想得到同学们的认同，于是花四十五美元，买了一堆人偶钥匙圈，第二天挨个送给班里的同学。亚丽莎拒绝收下她的钥匙圈，并且告诉珍妮弗，自己没有邀请珍妮弗的真实原因是听到珍妮弗在背后说她的坏话——有钱没地儿花。同学们也对珍妮弗送礼的做法颇有微词。

读到这儿，我问云舟："你觉得珍妮弗给同学们小礼物这种做法，能得到同学们的喜欢吗？"她想了想说："我们班也有同学在过生日的时候给大家送小礼物的，我们都还挺高兴的。"我提醒她："但珍妮弗在这个时候送礼物，选择的时机不对，所以很容易被同学们误解。因此，如果想给同学们送礼物，也是需要多动脑筋想一想送的时间和送的方式。"

晚上，珍妮弗向妈妈倾诉了自己不被同学们接受的痛苦。妈妈告诉她，与同学们的友情是需要用心、用正确的方法来经营的。珍妮弗最终意识到了自己在处理与同学的关系时的问题所在——用金钱不可能收获同学的喜爱，必须在别人需要帮助的时候，竭尽所能地伸出自己的双手，用心帮助同学，并认可同学们的善举。

读到这儿时，我提醒云舟："建议你明天去找你的两个好朋友月月和纷纷，真诚地和她们聊一聊，弄清楚到底是什么原因使她们疏远你了。"第二天放学回来，云舟对我说，自己和她们聊过了。她们说，其实也没什么，就是觉得自己有点太黏人了，总是找她们玩，她们又不好意思拒绝，所以决定暂时和她疏远一下。

我告诉女儿，月月和纷纷的做法也是可以理解的。因为，任何人都希望自己有一个独立的空间，不被别人打扰。再好的朋友，如果他不想让你进入他的空间而又无法回绝，就只好采取敬而远之的态度。因此，人与人之间适当保持距离，为彼此的心灵留下一点空间，让彼此感觉到都是自由的，这样才能继续交往下去。

“改善同学关系”方案

小主人公珍妮弗与妈妈谈话后，认真反思了自己与同学相处的种种问题，然后拿出一张纸，写下了改善同学关系的方案：

1. 帮助亚丽莎准备生日派对，用哪一种方式？

2. 再也不可以通过送东西这种方式来试图得到其他同学的认可。

3. 以后要耐心地听完同学想说的话，多替同学着想。

4. 可以试着邀请别的同学一起准备考试。

接下来，珍妮弗付诸行动，终于感到有信心去拉近和班上同学之间的距离了。

于是，云舟如法炮制，也做了一个“改善同学关系”方案：

1. 跟月月、纷纷商量好，每天什么时间在一起玩，玩多长时间，其他时间大家自己安排。

2. 不要总跟月月、纷纷打电话，发微信，以免打扰她们。

3. 要多和班上的其他同学交朋友，收获更多的友情。

写这样的方案，是孩子反思自己在处理人际关系时所出现的问题，并开始着手改进的好机会。通过这样一种方式，他们也开始学会找到问题，并试图解决问题。家长们可以鼓励孩子来学习和实践此方法。

从文学中感悟友情

年少时代，友情是孩子们最珍视的感情。他们从书本里读到了“桃花潭水深千尺，不及汪伦送我情”，读到了“海内存知己，天涯若比邻”，读到了“莫愁前路无知己，天下谁人不识君”，读到了“山回路转不见君，雪上空留马行处”。他们渴望去寻找这样的朋友，去拥有这样的友情。

《夏洛的网》作为美国最伟大的10部儿童文学之一，讲述了小猪威尔伯和蜘蛛夏洛之间的感人故事，夏洛最终为了威尔伯献出了自己的生命。这段最真挚的友谊带给了我们关于生命的深沉思索。

《霍比特人》作为《魔戒》三部曲的前传，讲述了比尔博如何从一个普普通通的霍比特人成为受人敬仰的英雄。在打败巨龙的艰辛途中，比尔博与13个小矮人之间的友谊成了他最终获得胜利的基石。

《追风筝的人》讲述了两个阿富汗少年关于友谊、背叛、救赎的故事，仆人的儿子哈桑用生命实践了“为你，千千万万遍”的诺言，谱写了震撼人心的友谊诗篇。

《夏至未至》用诗一般的语言叙述了两个男生傅小司和陆之昂的故事，“那些男孩，教会我成长”。他们的相互鼓励、慰藉、护卫成全了彼此，造就了彼此。

在这些作品里，孩子们可以读到更多感人肺腑的友情故事，获得更多关于友情的深刻思考。

“正是江南好风景，落花时节又逢君。”年少时的朋友是一辈子的朋友，年少时的友情是一生的珍藏。如何收获友情，如何维护友情，是孩子们成长路上的必修课，而那些优秀的文学作品，终将教会他们这重要一课。

好书为孩子累积寻梦的资本

2017年12月，和云舟一起看完《寻梦环游记》后，关于梦想的话题，我们讨论许久，然后我提笔给她写了这封信：

云舟：

昨日与你一起看完《寻梦环游记》后，我们沉浸在那让人热泪盈眶的音乐和温暖感伤的情绪里，久久不能自已。

然后，你问我："你和爸爸会不会像影片中米格的爸爸妈妈那样，千般阻挠我去追寻自己的梦想，最后在若干年后，又与你和解。"

一时间，我竟然不知如何回答。我以为自己会说，"女儿，去追寻你的梦想吧，我们绝不会做那样的父母"，可不知为何，这句话竟然没有脱口而出。所以今天厘清了思路后，我决定给你写下这封信。

其实，我们每个人在成长的路上都会面对和米格一样的难题：是追随内心去选择遥远的梦想，冒着未知的风险，还是选择稳定安逸的生活，符合长辈的期望。

在少年的眼中，父母总是老套的、过时的、不理解他们的，可是你们不知道，你们今天面临的困惑，我们年轻的时候也曾经历过。不同的是，经过漫长的岁月，我们对于成长的烦恼、青春的迷茫有了更深刻的理解和认知。

妈妈年轻的时候也曾面临同样的选择。大学毕业分配前夕，父母为我在故乡找好了一份稳定舒适的工作，希望他们唯一的女儿能回到他们的身边，可年少的我怎能如此安放自己那颗驿动的心，我有着多年的梦想。所以，我毅然决然拒绝了父母的安排，留在北京，选择了一条荆棘丛生的路。

转眼，很多年过去了，最终我未能实现最初的梦想，而在追寻理想的途中，我经历的挫折与坎坷、艰难与险阻是我在年少时未曾预料到，也未曾想象过的。但当我的母亲问我“如果给你一次重新选择的机会，你还会留在北京吗”时，我毫不犹豫地答道：“是的，我还会做出同样的选择。因为，你们不知道，在这沿途中，我看到了多么美丽的风景，遇见了多少有意思的人，获得了多少人生智慧，这样的收获配得上我当年的选择。”

但是，女儿，我也想告诉你，当我再回首时，遗憾太多。每次返家后离开时，父母在火车站台上送我，他们满眼的不舍与泪水是我多年来痛彻心扉的记忆。而陪伴我整个童年的我最爱的外婆离世时，我没能在她的身旁。

离家在外多年后，我终于明白，家人的爱与自我的梦想同样重要。它们于我，同样无法割舍。没有了家人的爱，就如同这部电影里所演的那样，在偌大的尘世里，你的灵魂将无处安放，你终将被人遗忘，直至灰飞烟灭。所以，请你珍惜和家人在一起相处的每个片段、每段时光，请把他们的声音珍藏在你的心底。

亲爱的女儿，当你向我问起“选择”这个问题，一如当年的我时，我竟是如此矛盾。我既想让你去追寻自己的梦想，让你拥有一生的快乐，又想让你少受一些风雨和磨难，因为我是如此爱你。

那么，我现在能做的，便是提醒你，在你追寻自己的梦想之前，请做好储备，不论是知识上的、身体上的，还是精神上的。

你现在的梦想是成为一名作家，那么——

你是否已经储备读万卷书后的洞见和行万里路后的阅历；

你是否准备好了十年如一日、笔耕不辍的毅力与恒心；

你是否已经准备好不惧失败、不怕饥寒的勇气与坚持；

……

如果有一天，这一切你都已经准备完毕，那么，亲爱的女儿，去追寻你的梦想吧！我会在身后为你祈祷，就像《寻梦环游记》中的那位曾奶奶，举起美丽的花瓣，为你送上无限祝福，并没有任何附加条件。

正如你去年在美国游学期间给我的信里写道的：

谢谢你们，谢谢你们的爱与理解。我没有办法成为别人眼中的“乖乖女”，我依旧是那个不肯服输的“女汉子”。我无法成为老师眼里最标准的“三好学生”，但我永远是那个有想法、有个性的女孩。

我做不到坚持学钢琴，看到五线谱依旧会胆战心惊；我做不到立定跳远合格，现在说起来都心有余悸；我做不到把那些复杂的单词倒背如流，现在想起来仍沉沉欲睡；我做不到的东西太多、太多。

但是，谢谢你们，谢谢你们可以总在这些时候体谅我，支持我，让我去做我想做的事，不强迫我，不责怪我，不让我的人生被你们摆布。你们相信我，鼓励我，让我在青春的沼泽中不迷茫、不彷徨，坚定自己的信念与初心。

谢谢你们忍耐我的坏脾气，在我心情不好时为我带来别样的风景；谢谢你们让我的童年充满阳光，不在卷子堆里度过最珍贵的时光，让我保持爱笑的性格。有一句话说，爱笑的女孩运气不会太差。

谢谢你们，教会我如何成长。谢谢你们，让我的世界里不仅仅有李白、杜甫，还有莎士比亚、歌德、J. K. 罗琳和村上春树。我想，我能拥有今天的一点点成绩，能拥有一个这样多元化的自己，与你们的爱与包容密不可分。

谢谢你们尊重我的世界以及我的观点，让我终于找到自己一直寻找的东西，活出自己的人生。谢谢你们在我失败的时候鼓励我，让我不灰心，不被生活的种种打败，告诉我"不忘初心，方得始终"，谢谢你们鼓励我拿起笔去追逐自己的梦，向着黎明前行，告诉我不管遇到多大的风雨，都要坚定自己的目标，活出自己人生的诗篇。

而在你寻梦的途中，我对自己最满意的事就是，从小为你选书，与你共读，从《城南旧事》到《窗边的小豆豆》，从《美国国家地理》（少儿版）到《世界历史大冒险》，从《蒋勋说唐诗》到《苏东坡传》……橘黄的台灯下与你度过的那些共读时光是只属于我们彼此的动人回忆，我会将它们一一安放在我的心底。

从那时起，你的人生之舟已经起航，而我最得意的事，便是陪你从一本本经典书中采集爱、勇气、智慧、坚持、梦想和希望，渐渐装满你的小舟，伴你上路。如果到了那一天，你离我们远去，踏上你的寻梦之旅，那么就像《寻梦环游记》里那首让人热泪盈眶的主题曲里唱的："请记住我，尽管珍重必须说……"

我想说，孩子，哪怕今后我不在你的身旁，书籍也将常伴你左右，一如当年我们相伴在一起。

给孩子的三堂爱情课

近两年来，媒体上关于青少年被性侵的负面报道层出不穷，于是，青少年的性防范教育开始被家长们日益重视，各类相关的书籍、线上线下课程也如雨后春笋，用各种方法教孩子如何保护自己。但是，我认为，我们对孩子的教育绝不应该仅仅止步于此。

青少年教育专家方刚认为，性教育不应该忽视与性有关的情感、责任、爱、尊严的教育，不应该回避有关爱情的教育。老师和家长应该认真给孩子讲授，什么样的爱是美好的，应该如何处理爱情等等。“好的爱情教育，其实是人生观的教育，是人格教育，是责任与爱的教育，而不只是‘不要谈恋爱’的教育。”

“你还小，现在的喜欢对象肯定不会是以后的结婚对象。”

“现在最重要的是学习，其他的千万不要想。”

“绝对不可以早恋！”

上面这些话应该是我们做父母的最常对孩子说的了。

也许我们都忘了，在我们的年少时光，每个人都有着对某个同学的朦胧羞涩的浪漫回忆，那也是我们人生的一个重要组成部分。而步入中年后，我们已经淡忘了那些回忆，更多考虑的是现实与利益，也开始视孩子们的情感问题为洪水猛兽。但是，我想，我们没有权利不让孩子体验这种美好的情感，进而体验他们的人生。

我们这一代人，在少年时代的爱情教育是缺失的。那时候，家长和老师视之为洪水猛兽，动不动就给学生扣上“早恋”的帽子，但其实，在高压之下，男生和女生对“爱”更加充满无穷的好奇与一探究竟的渴望，身边一些优秀的女孩子因处理不好这个问题而走了不少人生的弯路。

在00后身处的这个时代，互联网的内容如洪水猛兽、泥沙俱下，孩子们被裹挟其中，往往辨识不清，再加上青春的懵懂无知，更容易迷失方向。所以，如何与孩子讨论爱，如何正确地引导孩子看待“爱”，对待“爱”，是无数父母正在面临和即将面临的巨大挑战，也是家有青春期小孩的父母不可回避的重大话题。

中央教育科学院南山附属学校前任校长李庆明表示，在某种意义上，我们是爱情教育缺乏的国度。学校、家庭基本上都不涉及这方面的教育。我们缺乏爱情教育，这使很多孩子在走向婚姻之前都缺乏精神上的准备，以至于出现问题。我们的社会、学校、家庭，都应该担当起未成年人的爱情教育责任。

第一课：与孩子真诚坦率地讨论文学中的“爱”

家长越是对“爱情”讳莫如深，越是把它视为洪水猛兽，孩子就会越好奇，会想方设法地找其他途径来感受和了解。现在，很多孩子都是通过互联网来认知爱情，但这些途径传达给他们的信息往往是模糊的，甚至是错误的、荒谬的，这很可能给孩子造成不可避免的伤害，甚至毁了他们的一生。所以，一定要就此话题与自己的孩子不断进行坦率真诚的探讨，陪他走完这段对爱充满探索和好奇的生命旅程。

从三年级起，女儿就悄悄告诉我，班上某个女生喜欢某个男生，某个男生追某个女生云云。我总是淡定地一笑，回答只有两个字："正常。"后来，女儿告诉我，她好像也喜欢上了某个男生。我依然淡淡一笑："正常啊！恭喜你，长大了！"

对于这些十多岁的孩子而言，喜欢是发现另一个生命的美好的开始，是一件令人高兴的事情，这时的喜欢和喜欢一个好朋友没有什么不同，没有什么值得大惊小怪的。她问我："妈妈，你小时候喜欢过哪个男生吗？"我说："当然了，很多人在自己的学生时代都喜欢过某一个人，那也是成长路上最美好动人的回忆呢！"

过了一段时间，女儿又跑来跟我说，她的闺密喜欢上了一个男生，可是过了几个月，她的闺密发现那个男生有好些不能让人接受的缺点，所以不再喜欢他了。她问："老妈，这叫不叫移情别恋？"

我淡淡一笑，告诉她："你看，喜欢其实是一个开始。因为喜欢这个人，所以我们多了对他的一些了解，但在这个了解的过程中，我们慢慢发现，他有一些缺点，便不再喜欢了。而真正成熟的爱，是你既喜欢他的优点，又能包容他的缺点。所以，这样的喜欢和真正的爱还相距尚远呢。”

云舟从小喜爱阅读。在各色文学书籍里，爱情常常是其中不可回避的主题。从《哈利·波特》到《红楼梦》，从《草房子》到《射雕英雄传》，青春的相互吸引与爱慕总是闪耀其间，成为美丽动人的篇章。所以关于爱，她总有很多问题，这也成了她和我经常讨论的话题。

可能很多家长会想，孩子还小，这样的讨论会不会把孩子带入歧途。可我却不这么想。在我们的眼中，孩子还小，可是他们已经将自己视为一个即将成熟的生命个体，渴望去更多探求“爱”这个话题。

我问她：“你读过不少书，能告诉我，爱是什么吗？”女儿想了想，说：“我现在还说不好，但我在每本书里读到的爱都是不一样的故事，时常让我感到困惑。”

看完青少版《红楼梦》，她问我：“林黛玉和贾宝玉算早恋吗？”我说：“应该不算吧，他们正值青春年少，因欣赏对方的才华而喜爱对方，是很美好的感情，值得珍惜。”她又问：“可是他们如果在今天，肯定会被老师和家长批评吧。”我说：“爱本身是没有错的，他们在心里默默地喜欢对方，是很纯洁的感情。如果我是他们的妈妈，是不会责备他们的！”

看完《哈利·波特》，她就自言自语：“哈利·波特为何没有喜欢赫敏？赫敏既美丽又聪明，还是学霸。”我问她：“那你觉得是为什么呢？”她分析道：“哈利·波特与赫敏是战友，他们一起学习，一起成长，一起经历千难万险，最终打败了伏地魔，所以说他们两个人之间是牢不可破、坚不可摧的战斗友谊。”我说：“那么看来，男女同学之间也会建立起如同哥儿们一般的生死情谊哟。”她说：“看来是的，不过，我好像还没有遇到这样的患难之交。”“那就耐心等待吧！”我笑着冲她眨眨眼。

看完《射雕英雄传》，她又发出疑问：“黄蓉为何会喜欢那个呆头呆脑的郭靖？要是我，才不会喜欢他呢！”我放下手中的工作，认真地想了想说：“有时候，越是聪明的女孩子，就越喜欢那种忠厚老实的男生，可能觉得这样的人大智若愚，所以才会产生安全感吧！”云舟摇头晃脑地说：“哈哈，那我以后也要找这样靠谱的男生。”“那就加油吧！”我笑着说，“每个人都有选择自己爱人的权利。对于他们的选择，哪怕我们暂时还不能理解或认同，也要给予足够的尊重！”

通过这些文学作品，我们可以告诉孩子，每个作家都有自己的人生阅历，所以在他们的笔下，对爱的诠释是不尽相同的。况且，在人生不同的年龄段，对爱都会有不同的理解。在青春时代，爱是相互吸引的激情，而人到中年，就更深刻理解了爱的真谛。爱是发现另一个美好的生命，爱是信任、欣赏和感动，更是支撑我们一生的精神支柱。

爱是人类的一个宏大命题，尽管无数文学家、艺术家、哲学家对它进行过数不胜数的书写与描绘，但它对于我们，永远无法穷尽。所以，这一切需要孩子在自己的人生路上慢慢体会。

第二课：让孩子看到更长远的未来

李庆明校长表示，在生命教育中，对孩子进行爱情教育比性生理教育更重要。前者属于人文教育，后者属于科学教育，前者应当优先进行，甚至在小学生、幼儿园阶段就开始介入。童话里不是也有爱情吗？爱情是生活中极为美好的东西，让孩子对美好进行一定的领悟，从小就认识到爱情的神圣性、圣洁性，有了这样的精神铺垫，在他日后面临性成熟、面临婚姻时才会有一种价值引领，才会有情感指向，不至于因爱情认知的匮乏而产生一些荒谬的认识，甚至做出让人痛心的行为。

还记得五年级的那个暑假，云舟抱回了学校指定的阅读书，其中一本是《七色书简》。这是一部散文集，其中第一篇是孙云晓老师的《你是一只小鸟》。

在文章中，作者收到了一个名叫雨的高三女孩的来信。她说她爱上了自己的语文老师，打算放弃高考，与语文老师生活在一起，她将为他放弃自己的前程。在做出最后的决定之前，她想问一问作者的意见。

作者立刻给她回信了。他说，他尊重她的想法，并没有立刻否认，而是请她在高考中一搏，等上了大学了解了外面的世界后，再理性地用自己的阅历做出判断。到了那时，她已经变得成熟，如果她还喜欢那位老师，作者也支持她。

雨听从了作者的劝告，上了大学，并在大学里收获了真正的爱情，也收获了与之前做出的决定完全不一样的人生。

云舟看完此文后，深有感触，写了这么一篇读后感：

青春是一趟不知终点的旅行

其实在每个人的青春里，都有过一段迷茫的时光，不知道该如何去做，该如何选择自己的未来。如果雨当年没有听从作者的劝告而放弃了上大学，现在的结果也许会大不一样。

但她很幸运，遇到了作者，带着她走出了迷茫的青春，去看外面的世界，多了一个可以选择的人生，获得了真正的幸福。

正如题目《你是一只小鸟》所说，外面的天空很大，不展翅翱翔怎能看到最美的景色。

我们也像是一只只小鸟，可能会迷失在青春的沼泽中，但当我们望向天空时，会看到一处处不一样的天地，更加吸引着我们不断前行！

所以，当你迷茫时，不要忘了看一看天空，看一看外面的世界。青春等待着你去尝试，去冒险，去活出一段不一样的时光！

青春是一趟旅行，没有人知道终点是什么样的，但至少我们可以把握沿途的风景，让它开出不一样的花朵，点燃不一样的烟火！

一本好书真的是比父母更好的老师。这篇散文已经教会了孩子何为爱，如何在人生的十字路口做出重要选择。

孙云晓在《你是一只小鸟》中写道："做教师的尤其是做父母的，一旦听说上中学的孩子恋爱了，还爱上了比父母年龄都大的老师，父母甚至会用全世界最狠毒最肮脏的语言骂孩子。实际上，恋爱中的少男少女，几乎都是激情如火，心中春光明媚。他们不讲门第，不讲贫富，不讲年龄，唯有爱情至上，诚如大文豪歌德所赞美的'人性中的至纯至洁'。如果父母与教师又骂又罚，这难道不是在制造悲剧吗？其实，初浴爱河的年轻心灵，多么渴望成年人的体谅与点拨，而父母与老师本是最佳人选，为何近在咫尺却天各一方呢？"

正确的做法是，通过这样的故事，我们可以告诉孩子，当你沉陷于某段感情时，请你抬起头望向远方，你会看到，你还有一个很长远的未来，在那里你定会看到更精彩的风景，遇到更适合自己的异性。所以，请不要先做出选择，请先在心底默默保留这份情感。

第三课：阅读帮助孩子理解爱的真谛

对孩子进行爱情教育，阅读优秀的文学作品无疑是最佳的渠道，这一点，已经得到了众多教育专家的认同。尽管现有的语文教材长期排斥爱情内容，尽管有些老师对爱情内容采取跳过、屏蔽的方式，但是我们家长不应该浪费众多优秀文学作品中的爱情教育资源，而应该对孩子进行爱情观上的引导，因为，在那些好书里，已经告诉孩子们，应该追求什么样的爱情。

记得在我的青春时代，有些文学作品帮助构建了我们那一代人的爱情观。

舒婷的《致橡树》深刻地探讨了关于两性在爱情中的权利平等问题：

> 我如果爱你——
> 绝不像攀援的凌霄花，
> 借你的高枝炫耀自己；
> 我如果爱你——
> 绝不学痴情的鸟儿，
> 为绿荫重复单调的歌曲；
> ……
> 不，这些都还不够！
> 我必须是你近旁的一株木棉，

作为树的形象和你站在一起。
根，紧握在地下；
叶，相触在云里。
……
我们分担寒潮、风雷、霹雳；
我们共享雾霭、流岚、虹霓。
仿佛永远分离，
却又终身相依。
这才是伟大的爱情，
坚贞就在这里。
爱——
不仅爱你伟岸的身躯，
也爱你坚持的位置，
足下的土地。

我至今还记得当年读完这首诗时震撼的心情，它告诉当年那个青春年少的我，爱不仅仅是某些影视作品里表现的卿卿我我、缠绵悱恻，它有更深刻的内涵和更博大的定义，有更重大的责任与担当，以及作为一个女性，该如何与自己的灵魂伴侣朝夕相处。

另一部伟大的作品《简·爱》可以说是一部女孩的必读作品，因为它记录了一个出身卑微的女孩不断追求自由与尊严、坚持自我，最终获得幸福的艰辛成长历程。书中的那段经典对白更是让人刻骨铭心："你以为我贫穷、相貌平平就没有感情吗？我向你起誓：如果上帝赐予我财富和美貌，我会让你难于离开我，就像我现在难于离开你一样。上帝没有这样安排。但我们的精神是平等的。就如同你我走过坟墓，平等地站在上帝面前。"

当时，读完这本书的我写道：为什么简·爱能感动亿万读者？因为，简·爱告诉我，何谓女性的独立与尊严，何谓爱的勇气与坚守，以及在面对爱人时，一个女性该如何保持自己的独立和平等。

当孩子进入青春期后，可以把这两部文学作品推荐给他们，让他们从那些深刻而隽永的文字中去慢慢体会，因为优秀的文学作品赋予人的智慧和力量，将会比父母的说教更易于被孩子接受。

在孩子成长的路上，会不断涌现出新的关于爱的问题，我们家长能做的就是保有一双倾听的耳朵、一双默默关爱的眼睛，以及通过不断引导与谈话，告诉孩子不能逾越的底线在哪里，帮助孩子在成长的路上不迷茫、不跑偏，并收获满满的温暖回忆。

孩子终将长大，将来，他们或许不会再把他们心中的小秘密告诉我们，但请相信，在成长过程中，您和孩子关于爱的无数次讨论，您为孩子推荐的一本本好书，已经逐渐帮助他形成了健康的爱情观，更将帮助他在未来找到属于自己的真正的幸福。

书让孩子拥有坚持的魔力

常听一些家长朋友谈起，孩子无论学什么、做什么都只有三分钟热情，之后就再也没有兴趣；孩子无论做什么都畏难情绪严重，遇到一点小困难就想放弃。这些其实都是孩子缺乏坚持精神的一种表现。

坚持，指的是做事有始有终，持之以恒，遇到困难不妥协、不放弃，是有恒心、有毅力、意志力强大的表现。坚持是获得成功的要素之一。

《墨子·修身》中有言："志不强者智不达。"意思是一个意志不坚强的人，他的智慧就不能充分发挥。

学习是一个艰苦而漫长的过程，是对自己一次次的挑战、一次次的超越。如果孩子在学习的过程中，在兴趣培养的过程中，三心二意、见异思迁，抑或遇到一点小困难就打退堂鼓，那么他的学习力就无法形成，他的天赋将无法得到充分发掘。

早年我在媒体工作时，曾专访过国内外众多知名企业家，当我问到"您认为自己身上最难能可贵的一点是什么"时，他们中绝大部分人的回答都是"坚持"二字，包括联想集团董事局主席柳传志先生、招商银行前行长马蔚华先生、谷歌 CEO（首席执行官）艾瑞克·斯密特先生。坚持，是成就大事业的人必备的品质，是成就自我的利器，也是未来社会对孩子的必然要求。

那么，如何让孩子学会坚持？

用友情和爱铺就归来之路

先给大家分享云舟的一个故事吧。

还记得五年级开学的第一天，云舟放学后回到家中，立刻跑过来告诉我："妈妈，你知道吗，林林（化名）今天没有来上学。我问老师，老师说很长一段时间林林可能都不会来上学了。"林林是云舟班上的同学，她文静秀气，笑起来的时候眼睛像两弯月牙，非常可爱。她乖巧懂事，学习优秀，是班上的语文课代表，也是云舟非常要好的朋友，两人常在一起学习，一起玩耍。

"那你知道林林为什么不来上学了吗？"我的心沉了一下。

"听老师说，她的家庭发生了一些变故，让她在心理上产生了很大波动，所以，她申请休学一年。"说完，一片愁云笼罩在云舟的脸上。

过了两个月，云舟很想去看看林林。她让我给林林的妈妈打电话，只听见电话那头，她妈妈问林林："咱们一起去找云舟玩吧？"林林大声喊了一句"不去！"便跑开了。她妈妈连声说对不起，声音里有着深深的无奈。

之后，她们的班主任老师告诉我，林林已经两个多月不出门了。说完，老师也轻轻地叹了口气。我把这个情况小心翼翼地告诉了云舟。她说："妈妈，我要尽我所能去帮助林林。"她眼中流露出的坚定是我从未见过的。

从那天开始，云舟坚持每周把班上发生的新鲜事、同学间的趣事通过微信讲给林林听，把每科的单元测验卷子，附带老师的讲评拍成照片，传给林林，也把她自己的乐事和糗事都一一说给林林听。只要一收到林林的回复，云舟就笑逐颜开："妈妈，你看，林林给我发笑脸了！""林林给我发表情包了！"

又过了半年，林林还是没有回到学校。云舟饱含深情地给她写了一首小诗：

有多久没有听到你的声音？
有多久没有看到你的笑颜？
校园里的玉兰花开了一树，
那里盛满了我们的等待。

亲爱的朋友啊，
请在夜晚时抬头望去，
那漫天的星光是深蓝的大海。
不知何时，
是你的归期？

五年级的暑假，云舟告诉我，她和林林的爸爸决定策划一次偶遇，希望用友谊的力量来帮助林林。一个阳光明媚的下午，在某公园门口，看见林林远远地走过来，云舟喜出望外，跑过去拉起林林的手："林林，真巧啊！你也来玩啊？咱们一起吧！"久别重逢，林林既高兴又有些羞涩，不知说什么才好。云舟搂着她的肩，兴高采烈地跑进了公园。

那个下午可能是林林这一年以来最开心的下午。云舟的热情深深地感染了她，她们俩一起玩、一起笑、一起闹，"就像什么都没有发生过，我们仿佛又回到了从前"。云舟后来这样写道：

> 我执意要带林林一起去坐高空飞椅，想让她战胜心里的一道坎，也战胜恐惧。当林林听到要去坐高空飞椅后，吓得忙把手缩了回来："不要不要……"我牵住了她的手："别害怕，我陪你！"
>
> 在高空飞椅逐渐到达最高点时，林林悄悄抓紧了我的手，一股暖流温暖全身，这是信任的力量！当飞椅开始快速旋转的时候，我高声冲林林喊："有什么不愉快的事就叫出来吧！叫出来会好很多！"随即，清脆响亮的"啊——"响彻宇宙，之后，又是一连串银铃般的笑声。
>
> 那天，临走的时候，林林低声对我说："谢谢你，今天陪我……"我什么都没有说，在皎洁的月色下紧紧地拥抱了她。

我相信，一切都会好起来。

后来，云舟又带领班上的几个同学策划组织过几次与林林的“偶遇”。她们或是在校门外的林荫道上一起嬉闹，或是在甜品店里一起品尝美味的冰激凌，或是在电影院里吃着爆米花开心地欢笑……

终于，在六年级开学后不久的一个清晨，林林穿着校服，背着书包，和从前一样走进教室，坐到了她从前的书桌前，轻轻地打开了课本……那是云舟盼望已久的一刻，是让所有人激动不已的一刻。在那一刻，云舟的眼里、老师的眼里，还有好多同学的眼里都涌动着喜悦的泪花。

后来，云舟不断告诉我关于林林的好消息：林林的数学测验考了 100 分，林林参加了班上的献爱心活动，林林在公开课上的发言得到了老师的表扬……

“你是那么善良仁爱，不畏困难、坚持到底。在你的帮助下，迷途的大雁回归集体。”老师这么评价云舟。

用阅读教会孩子坚持

有一天，我终于问了云舟一个埋藏在心底很久的问题：“亲爱的，我真为你骄傲！当老师们都爱莫能助，家长们摇头叹气的时候，是什么力量让你坚持下来？”云舟毫不犹豫地说：“是我读过的那些书，它们告诉我一定要坚持到底，是它们给了我力量。无论是《魔戒》还是《哈利·波特》，无不告诉我一个真理，只有坚持，唯有坚持，才能取得最终的胜利。”

《魔戒》是云舟最喜爱的文学作品之一，她对其的热爱程度仅次于《哈利·波特》。

《魔戒》是一部伟大的奇幻史诗，是英国文豪托尔金先生倾尽毕生心血完成的鸿篇巨制。这本书讲述了一个光明战胜黑暗、正义战胜邪恶的故事。意外消失很久的魔戒突然出现，它有着统治一切黑暗势力的能量。黑暗魔君索隆召唤着魔戒回来，想要借助魔戒的力量统治整个中洲世界。为了保卫中洲的美丽与安宁，霍比特人佛罗多·巴金斯毅然担负起销毁魔戒的重任。他和他的朋友们历尽千辛万苦，终于把魔戒投入末日火山的焰火中销毁。美丽的中洲土地恢复了往日的和平与幸福。

佛罗多原本和其他霍比特人一样，安于宁静祥和的生活，从不考虑冒险生活。但是，一旦得知魔戒的真相，黑暗魔君就会摧毁整个世界，佛罗多毅然离开家乡，前往销毁魔戒的路上。一路走来，佛罗多历经千难万险，遭遇种种险情。不管在什么状态下，他都没有放弃。

《魔戒》给了我们勇气和力量，让我们在黑暗中心怀光明，在困苦中抱有希望，在熬不过去的时候咬牙拼命。这也许就是人类最强大的智慧，也是亿万读者在阅读这本书时产生的共鸣。

云舟在她的阅读卡片中这样写道：

我看到，在对抗索隆的过程中，佛罗多和他的朋友们都拼尽了全部力量，以勇气坚持抗争到最后一刻。这也许就是这部小说最伟大、最迷人之处。我们不会去做像销毁魔戒一样艰巨的任务，但是在人生路上，将会遇到很多艰难。

我们能否像佛罗多一样鼓起勇气，离开熟悉的家乡，告别舒适的羽毛枕头，走上艰苦的道路？能否像他一样，任何时候都不放弃，就算到了最后一刻，没有被毁灭就继续战斗下去？

同样，《哈利·波特》也是一个光明最终战胜黑暗的故事。云舟这样写道：

这几年，我一直在读《哈利·波特》。读完后我就常常在想，是什么让一个十几岁的小孩子哈利·波特最终战胜了历史上最危险的黑巫师伏地魔。

哈利肩负大任降临人间，因此拥有强大的使命感、空前的决心和勇气、对正义和真理的执着追求，以及百折不挠的精神。面对危险，他从来没有想过要放弃邓布利多交给他的任务—— 摧毁魂器，摧毁伏地魔。在他的众多朋友、同学、老师的支持和帮助下，哈利历经千难万险，甚至不惜牺牲自己的性命，最后获得了终极胜利。哈利·波特，这个头带闪电伤疤的小男生，用他的传奇故事告诉我们：不管遇到任何困难，不要退缩，不要气馁，不要放弃，只需勇敢向前。

云舟说："一想起邓布利多校长的那句话——'决定我们成为什么样人的，不是我们的能力，而是我们的选择'，我的心中便充满了力量和希望。这些书，能帮助我们走过未来漫长而未知的道路。"

三个方法让孩子学会坚持

在阅读之外，还有一些通过实践证明的好方法，可以帮助孩子学会坚持。

一、不讲大道理，和孩子聊聊自己的故事

讲大道理是很多孩子都厌烦的一件事，觉得枯燥、乏味、啰唆，容易听不进去，产生逆反心理。当孩子遇到困难觉得灰心沮丧时，甚至想要放弃的时候，我们可以给他讲一个自己小时候坚持的故事。通过这个故事，我们可以告诉孩子，你现在的灰心、沮丧、难过，妈妈（爸爸）很理解，因为这样的境况我也曾遭遇过，所以我感同身受。然后，父母再用自己小时候的故事给孩子

以启迪、思考和勇气，这样的做法一定能打动孩子的心，给他以鼓舞和榜样。没有什么比父母的言传身教更有力量的了。

二、画一棵“目标树”

父母可以和孩子一起，为某一个具体的行为（例如弹钢琴）画一棵“目标树”，树冠是一个较为长远的大目标（例如在学校晚会上表演钢琴独奏），以下的一个个树叶被标上了各个分级的小目标（例如熟练掌握某种演奏方法、过一级等等）。

这样，孩子就可以清晰地看到达到大目标的完美路径，明白自己要如何去做。可以把这棵“目标树”挂在孩子的房间里，每每完成一个小目标，就在那个树叶上画一颗美丽的小星星，家长可以给孩子一个小奖励。当这棵“目标树”上挂满了小星星的时候，就是胜利的时刻，孩子会为自己喝彩和骄傲，会充分体验到成就感和价值感！

三、用体育运动来培养孩子的意志力

古人云：“锲而舍之，朽木不折，锲而不舍，金石可镂。”任何一项体育运动，锻炼的不仅仅是孩子的身体，更是孩子的意志力和耐性。若想在体育比赛中获得哪怕一个小小的胜利，都需要经过长期坚持不懈的训练，经历成千上万次的枯燥练习，以及不断地挑战自己的身体极限，战胜自己的怯懦心理。在这个过程中，孩子们能够体会到不同于课堂和书本中所讲述的坚持，在实战训练中学会坚持和不放弃。这个夹杂着汗水、泪水和欢笑的体育运动经历，将成为孩子一生不可磨灭的记忆，成为他们人生的重要一课。

在中国，最优秀的学生都是考试中的佼佼者；在英国和美国，最优秀的学生都是运动场上的英雄。例如“二战”中力挽狂澜的英国首相温斯顿·丘吉尔在中学读书时成绩很差，特别是数学、拉丁文等，但他热爱军事训练和体育，尤其擅长击剑，曾于1892年赢得公学击剑冠军，在骑术和游泳方面也有出色表现。在英国，体育被众多教育家认为是培养精英人才、培养未来领袖的绝佳途径，所以无论学校还是家长，都高度重视孩子的体育训练，把体育视为高尚的、与科学知识教育并重的教育内容。

阿里巴巴集团创始人马云先生曾说过：“今天很残酷，明天更残酷，后天很美好，但是大多数人死在明天晚上，看不到后天的太阳！”这其实是世界的真实面目，我们做家长的在适当的时候有必要告诉孩子们这个真相，告诉他们，唯有坚持，才能在这个残酷的世界里实现自己的梦想，唯有坚持，才能到达人生的彼岸！

读书让孩子逆商高，开朗不忧郁

晓天（化名）是我一个朋友的儿子，今年13岁。他面容清秀，戴着一副黑框眼镜，笑起来一副天真烂漫的样子，见了面总喜欢和我讨论诗词小说，是个不折不扣的文学少年。4月的一个晚上，我接到了他妈妈的电话："你知道吗？最近晓天的状态很不好，我很担心。"去年9月，晓天没能如愿进入他心仪的某重点中学，而是被派位到了一所较为普通的中学。

"他的话越来越少，成天唉声叹气的，总是把自己关在房间里不出来，我们想和他好好谈谈，他总说没啥可说的。我们建议他去找从前的好朋友玩玩，他说不想去。"说着，我的朋友在电话那头抽泣起来："我真担心这样下去，他会得忧郁症。"同为母亲，听闻此话，我的心情也变得沉重起来。

孩子在成长路上不可能一帆风顺，当走出家门，走进学校的第一天起他就会发现，这个世界等待他的不只有鲜花与阳光、温暖与呵护。当第一次遭遇挫折时，他们幼小的心灵往往承受不住，就如同一棵正在成长的小树，当遇到狂风暴雨时，比起那些大树，它们更容易被风暴摧毁。

所以，从小开始注意培养孩子的逆商，是每个家长不容忽视的重大问题。何为逆商？逆商（AQ）来自英文Adversity Quotient，全称为“逆境商数”，还译为挫折商或逆境商，提出者为美国管理学者保罗·斯托茨。它是指人们面对逆境时的反应方式，即面对挫折、摆脱困境和超越困难的能力。

如果父母注重从小开始培养孩子的逆商，那么当困难来袭时，孩子不会只是哭鼻子，而会勇敢面对；当挑战重重时，孩子会无所畏惧、迎难而上；当深陷逆境时，孩子会知道如何淡定自若，如何逆风翻盘。这样的能力，会让孩子受益终身。

那么，如何培养孩子面对挫折的能力，帮助他们提升逆商呢？

回到开头的那个故事。听完晓天妈妈的话，我想到，如果此时去给晓天做思想工作，不但不太容易被他接受，更容易加深他的反感，让他的心门更加紧闭。我回忆起，晓天很喜欢中国古诗词，曾和我热烈地讨论过苏东坡。我想，能否用苏东坡的人生故事去帮助晓天。

用一本好书帮助他

《苏东坡传》是林语堂先生的代表作，被誉为20世纪四大传记之一，作者从苏东坡出生、青年、壮年到老年，以时间为轴，写尽了苏东坡的一生。苏东坡虽才华横溢，却屡遭陷害，多次被贬谪流放，大半生都过着颠沛流离的生活，但他总是能置个人得失于度外，豁达、随遇而安，处处都能找到生活的乐趣，快乐而有意义地生活。

43 岁是苏轼人生的分水岭。之前，他是旷世才子，是朝廷上下的宠儿；之后，他是阶下囚，是政治犯，从此开始了连绵不断的流放生涯。在密州，他写下了“老夫聊发少年狂”；在荒蛮之地，他看到的是“岭南万户皆春色”，感慨“日啖荔枝三百颗，不辞长作岭南人”；即使到了当时贫困不堪的海南，他也满怀热情地投入建设，三年后写下“我本儋耳人，寄生西蜀州”。

他热爱美食，把富贵人家不屑于吃的猪肉，烹制成了“东坡肉”，流传千古；他在黄州发明了腌鱼，在海南发明了酒煮生蚝；他贪恋美景，住在一栋夏天对着大太阳的简陋小房里，却说他的寓所能看见风涛烟雨，晓夕百变，午睡初醒，忘其置身何处。他把艰苦的生活过成了诗。

林语堂先生说，提起苏东坡，在中国总会引起人亲切敬佩的微笑。他一生载歌载舞，深得其乐，忧患来临时，也一笑置之。他对弟弟苏辙说：“吾上可陪玉皇大帝，下可陪卑田院乞儿。眼前见天下无一个不好人。”所以，苏东坡过得快乐，无所畏惧，像一阵清风度过了一生，不无缘故。所以，我想，或许苏东坡能教会晓天如何在逆境中释然，如何在人生低谷时会心一笑。

一周后，我来到晓天的家里。眼前的男生郁郁寡欢，苍白的小脸上不见了往日的笑颜。他见了我，第一句便是：“阿姨，你是我妈派来给我做思想工作的吧？”

我愣了一下，马上答道：“是你妈妈给我打的电话，不过，阿姨并不想给你做什么思想工作，只想来看看我的老朋友晓天，想和晓天随便聊聊。”听闻此话，晓天的神色微微放松了一点。于是，我拉着他到小区的花园里走走。“跟阿姨随便说点什么吧，你说什么，我都爱听的。”我这样鼓励他。

就这样，晓天开始跟我说起了他的新学校、新老师、新同学，话语中是他对繁重学业的不适应，对某些新老师的不满意，对某些新同学的看不惯，对新学校的不认同……他滔滔不绝地说，我静静地听，没有打断他的话。不知不觉，时间就过了两个小时。其间，我没有指责他，也没有给他讲什么大道理，更没有告诉他应该如何去做。

临走的时候，我把一本书递给他：“晓天，这是林语堂的《苏东坡传》，是阿姨最爱看的一本书，有空时你也看看吧。”

提升逆商的几种方式

一、培养孩子“平凡和苦难孕育伟大”的信念

我们可以从小告诉孩子，困苦和艰难、逆境和不幸，是人生一笔不可多得的财富。

当苏东坡从名满天下的苏轼变成了务农的“东坡居士”，面对生活的巨大落差，他拿起了锄头，自己动手丰衣足食，开始享受耕种的

乐趣和大自然优美恬静的馈赠。他是怡然自得的，也是自在快活的。

蒋勋先生说，在黄州这段时间是苏轼最难过、最辛苦、最悲惨的时候，同时也是他生命中最领悟、最超越、最升华的时候。于是，我们读到了“人有悲欢离合，月有阴晴圆缺”，读到了“故国神游，多情应笑我，早生华发”，读到了“小舟从此逝，江海寄余生”。在人生最低谷的时候，苏东坡创作出了中国文学史上最伟大的作品。也许，那样的苦难是上天对他的馈赠，让他顿悟了人生的真谛，让他终能以豁达、宽容、达观的心态面对以后的岁月。

我们需要告诉孩子，没有谁的一生能风平浪静、一帆风顺，但我们可以做到的是，在任何境遇中都要学会自得其乐，学会开怀大笑。

河北 18 岁女孩王心仪，2018 年高考以 707 分的成绩被北大中文系录取。她的一篇《感谢贫穷》感动了无数的父母和学子。为何她要感谢贫穷？心仪这样写道：“贫穷带来的远不止痛苦、挣扎与迷茫。尽管它狭窄了我的视野，刺伤了我的自尊，甚至间接夺走了至亲的生命，但我仍想说，谢谢你，贫穷。

“感谢贫穷，你赋予我生生不息的希望与永不低头的气量。农人都知道，播种的时候将种子埋在土里后重重地踩上一脚。第一次去播种，我也很奇怪，踩得这么实，苗怎么还能再破土而出？可母亲告诉我，土松，苗反而会出不来，破土之前遇到坚实的土壤，才能让苗更茁壮地成长。长大后，当我再次回忆起这些话，才知道自己也正是如此。”

其实，贫穷是不需要感谢的，需要感谢的是她的父母给予她的言传身教，需要感谢的是她自己，感谢自己在困苦的生活中不言放弃、不懈努力，感谢自己在艰难的岁月里练就了一颗强大的内心，感谢自己在困境中汲取勇气，得到升华。

二、多带孩子去看看天高海阔

“在这个世界上，最宽阔的是海洋，比海洋更宽阔的是天空，比天空更宽阔的是人的心灵。”当孩子遇到困难或挫折时，我们如果带着他们去看看茫茫草原上的浩瀚星空，去奔流不息的长江边听一听骇浪惊涛，去辽阔无边的大海来一次远航，登上巍峨的高山“一览众山小”，这些大自然的伟岸、壮阔定会打开他们的心界，帮助他们认知自我的渺小，帮助他们走出困扰自己的窄小天地。

三、为孩子建一个优质的交友圈

年少时代，家长的话语力量有时远远比不上孩子朋友话语的力量大。如果孩子身边有一个或一些充满正能量的朋友，能够在他遇到困难的时候安慰他，鼓励他，定会起到非常积极的作用。哈佛大学心理学家威廉·詹姆斯通过调查研究表明，一个没有受激励的人，仅能发挥其能力的 20%~30%，而当他受到激励后，所发挥的作用相当于被激励前的 3~4 倍。

所以，家长需要尽可能地为孩子寻找一些优质的成长平台，让孩子在其中不仅收获知识，发展兴趣爱好，更能交到一些优秀的小伙伴，这是给孩子的成长最有力的支撑。

四、用书信的方式深情鼓励孩子

面对一些较内向的孩子，或者进入青春期的孩子，书信这种传统的方式是与他们进行深度沟通、打开他们心灵之门的一种有效方式。自古以来，家书是两代人之间达成理解、谅解、和解的桥梁，是传承爱、价值观的鸿雁。

但在当下，父母和孩子都习惯了用微信沟通。这种短平快的方式看似高效，但往往不能深刻地表达彼此的思想，直击内心，所以如果有可能，我建议家长朋友们拿起久违的笔，给你的孩子写一封信，坦诚而真挚地表达你的思考与观点，表达你对孩子的期望，定会有让人感动的意想不到的收获。

回到刚才那个故事。在给晓天的《苏东坡传》中，我夹着一封信，信上写道：

晓天：

听你说了这么多，我理解你，因为我感同身受。我也经历过这样的初一，我也经历过这样的迷茫与低落，你所说的一切我都体验过。

当年，我在学校的图书馆里读到了林语堂先生的《苏东坡传》。这本书写了苏东坡历经磨难、仕途坎坷的一生。这本书曾给了我很多勇气、智慧和力量，教会我如何去面对现实的困境。

记得咱们一起讨论过苏东坡的“大江东去，浪淘尽，千古风流人物”，讨论过他的“人有悲欢离合，月有阴晴圆缺，此事古难全”，记得你曾对我说过“苏东坡是我最喜爱、最崇拜的大文豪”，所以，我把这本书推荐给你，希望你有空时读一读，或许苏东坡能跨越千年，向你伸出温暖的双手，给予你无穷的力量。

祝好！

附：

因你学习紧张、时间有限，所以推荐你重点阅读作者的原序、第三章“童年与青年”和第十五章“东坡居士”、第十六章“赤壁赋”。第三章主要讲的是苏东坡童年和青年时期，和父亲、弟弟一起读书学习的经历。第十五章讲的是苏东坡在“乌台诗案”后被贬官到黄州，迎来了他人生的重大转折。第十六章讲的是他在怎样的背景下创作了传世之作《念奴娇·赤壁怀古》《赤壁赋》。

最后，我总结一下：AQ（逆商）与 IQ（智商）、EQ（情商），并称为 3Q，是古往今来的人获得成功的必备条件。当下之所以不断爆出青少年轻生的负面消息，多半是因为他们从小没有得到逆商的培养，心理极度脆弱，经不起成长路上的半点风吹雨打。所以，不断培养和提升孩子的逆商，是家长的必修课，更需要家长做出表率，成为孩子的人生榜样。

尾声

一个月后，我收到了晓天寄给我的书，书中夹着他的回信：

阿姨，书中的那些章节，还有您的阅读卡片，我都反反复复地读过了，苏东坡的故事深深地震撼了我。我重新认识了何为快乐。

我明白了，无论身在何时，身处何方，我都要学会快乐，这是一种能力。我将试着学会从大自然中，从文学和音乐中，从与亲人和朋友的相处中，从帮助别人中找到快乐。这是人生快乐的源头。

我想，我虽没有苏东坡那般的才气，但也不至于有他那样的霉运。初中三年说长也长，说短也短，与其在抱怨中度过这三年，不如在忙碌中度过。或许因为我的忙碌，我下一个三年的命运就将发生改变！

让您担心了，也让我的父母担心了，真是不好意思！

我握着这封信，不由得长舒了一口气，眼眶湿润了。抬眼望去，天高云淡，风中隐约听得见鸟儿的歌唱。人生的路还很长很长。祝福你，晓天！

第四章

阅读培养孩子优秀的习惯

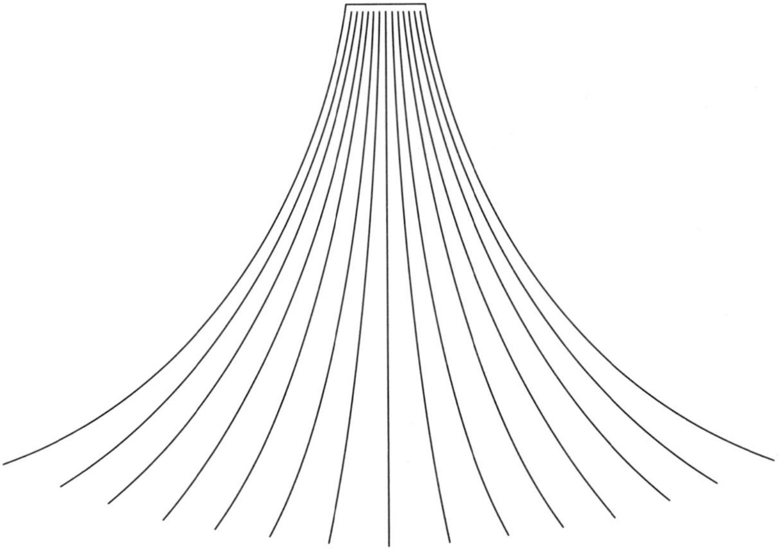

让孩子在读书中发现“黄金屋”

云舟从小喜爱写作，每每投稿后，总能收到一笔稿费，日积月累也有了一定的数目，再加上每年所得的压岁钱，加在一起，俨然有一个“小金库”了。我为她在银行开了一个账户，在她11岁生日后的一天，把这个账户交给她，并对她说：“这是你的资金账户。我建议，从今天起，你要学习如何打理它。”

“哇，这可是我的第一笔资产，太棒了！”云舟一蹦三尺高，“可是，我该怎么管理呢？我可是一点这方面的知识都没有呢。”云舟睁大了眼睛问道。我给她提出了建议：“首先你需要读一点这方面的启蒙书，建立起自己的基本财富观，然后，你需要行动起来，学习管理自己的账户。”

很多国家的家长都非常重视孩子财富观的建立和理财能力的培养。

美国人把理财教育称为“从3岁开始的幸福人生计划”。他们认为，一个人的理财能力直接关系他一生的事业成功和家庭幸福。他们鼓励孩子从小就工作挣钱，即使出生在富有的家庭，也应该有工作的欲望和社会责任感。美国首富山姆·沃尔顿和美国现任总统特朗普的女儿伊万卡，都是从小自力更生、独立自主的典范。

英国人针对孩子的不同阶段提出了不同的理财教育目标，例如：7～11岁的孩子要学习管理自己的钱，认知储蓄的作用；11～14岁的孩子要懂得如何提高个人理财能力；14～16岁的孩子要学习使用一些金融工具，例如储蓄。

日本有句教育名言："除了阳光和空气是大自然赐予的，其他一切都要通过劳动获得。"他们要求孩子学会管理自己的零花钱，不向别人借钱。大一点儿的孩子会准备一个账本，用于记录每个月的收支情况。

如何让孩子从小养成正确的金钱观、消费观、理财观，如何让孩子学习用自己的劳动去换取财富，是中国目前的教育体系基本没有覆盖的内容，但它是孩子成长过程的一大重要命题，也是让他们拥有幸福人生的重要基石之一。所以，家长有必要为孩子补上这重要一课。

跟小狗钱钱学到很多

我拿出了早已准备好的《小狗钱钱》，向云舟推荐道："这本书很有趣，它通过一只小狗告诉你金钱是什么，如何正确认识和使用金钱、如何进行投资等等。它或许可以帮到你哟！"

《小狗钱钱》是欧洲的理财大师博多·舍费尔写的一部理财童话。主人公是一个12岁的小女孩吉娅，她的家里正在面临财务危机。有一天，她发现一只受伤的白色拉布拉多猎犬，并把它带回了家。谁都没有想到，这只普通的小狗是一个真正的理财高手，它教会吉娅怎么赚钱，怎么花钱，怎么存钱。在钱钱的帮助下，吉娅挣到了很多钱，学会了理财，自己一家也脱离了债务危机。

这本书有着小说一般跌宕起伏的情节、活泼简洁的语言、生动立体的人物形象。云舟读得津津有味，只用几天时间，便告诉我已经读完了这本书。“那么，你觉得自己有哪些收获呢？”我问道。

“我是有一些收获，也有一些疑问。妈妈，我们一起来梳理一下吧！”云舟建议道。“好啊，我很乐意！”我拉开了小黑板。

“我的第一个收获是：认识了什么是金钱。”云舟在小黑板上写下第一条，然后接着说，“老师们常说，钱并不是一生中最重要的东西。读完这本书，我认识到，金钱是我们一生中不可缺少的东西。它可以成为生活中一种令人愉快的力量，可以帮助我们做成很多事情，就像小女孩吉娅，学会了理财知识后，通过努力，完成了自己的小目标。”

“是的，金钱是一种工具，如果利用得好，它能帮助我们提升生活质量，增加我们的幸福感；如果利用得不好，则会常常诱惑人走上歧途。所以，中国有句古语——‘君子爱财，取之有道。’我认为这是正确的金钱观。”我告诉云舟。

“我明白了！我的第二个收获是：在理财之前，首先要写下自己的三个愿望，也就是三个自己的财富小目标！”

“对啊，做任何事都要树立目标，才能有动力和方向，你的小目标是什么？”

云舟在小黑板上写道：

1. 暑假去希腊旅游，参观欧洲文明的发祥地。
2. 买一个自己的笔记本电脑。
3. 继续给联合国儿童基金会捐款，计划再捐 500 元。

“这三个小目标都太棒了，你要加油哦！”我鼓励她。

云舟接着说：“我的第三个收获是，要找到适合自己的挣钱方式。这本书告诉我，第一，为别人解决一个难题，那么你就能赚到很多钱；第二，要做那些我知道的、能做的事情，就是要做我有能力办到的事情。”

“我觉得适合自己的挣钱方式有这么几个。”云舟在小黑板上写道：

1. 继续向各个媒体投稿，挣稿费。
2. 在小区的跳蚤市场摆摊，卖旧书。
3. 在自己的微信公众号上收获打赏。

……

我提醒她：“你列的这几个挣钱方式都是你擅长的，非常好啊！当然，你还可以拓宽思路，看看还有什么是你可以做的。”

“我的第四个收获是：要学会合理地花钱。”云舟写完后故意拖长了声音说，“要做到这一条可不容易呢，需要有很多技巧！小狗钱钱给我们的忠告是：量入为出。就是说要根据自己的收入来合理地制订自己的消费计划，其中很重要的一点就是，每个人都应该在自己的钱包里贴一张纸条，上面写着：‘这真的有必要吗？’想打开钱包消费时，就应该看到这句话，好好想一想。”

“这个建议特别好，我也应该在自己的钱包里贴上这么一句话，以后就不会冲动性购物了！我先检讨一下。”我红着脸笑着说，“另外，我觉得应该做存钱计划，这样每个月都强制性地为自己的未来存钱，剩下的钱再用于消费，这样才能实现财富的积累啊！”

“我的第五个收获是，学会如何理财，让自己养一只会下金蛋的鹅。”云舟总结道，“这只鹅就是存款，对于我来说，就是我目前的这个账户，金蛋就是通过理财得到的利息。不过，具体到怎么投资，股票还是基金，我还没有完全看懂。”

“你总结得非常好。投资的本质就是养一只会下金蛋的鹅。如何投资？这是一门很大的学问。不瞒你说，妈妈投资过股票，也投资过基金，有赚有赔，所以投资理财是有一定风险的，弄不好，不仅没有收获金蛋，连那只鹅也会受伤。所以，我的经验是，尽量投资一些风险小的、稳妥的理财产品。当然，在投资方面，我们需要看更多书，需要不断学习。”

接下来，云舟和我一起，根据她自己的资金情况，做了一份理财计划：

1. 买一份教育保险，为未来贮备教育资金。
2. 投资一份人民币理财产品，让鹅开始下蛋。
3. 从这个月开始，规划自己的零花钱，做消费计划。

说完，她拿出一个漂亮的手账本，开始行动起来。

我告诉女儿："希望你也和小吉娅一样，通过学会自己打理钱财，变得更富有，这能让你今后的生活有更大的自由度，你的选择将变得更加丰富，你的人生将变得更加从容！"

学会投资自己

云舟上六年级后，我觉得是时候让她了解一些基本的经济学常识了。比较多本经济学启蒙读物后，我选定了《小岛经济学》。

这是一本从 9 岁起就可以看的经济学启蒙书，作者是一对来自美国的兄弟——希夫兄弟。他们小时候和老爸开车自驾游，半路上堵车，于是老希夫给这对兄弟讲了这么一个故事：从前有座小岛，岛上啥也没有，就有几个渔民成天可怜巴巴地用手抓鱼，勉强糊口。直到有一天，一个渔民发明了渔网，一天能打两条鱼，有富余了，可以说很了不起。这个渔民迈出了小岛经济发展的第一步。小岛有了余粮就有了储蓄，有了储蓄就有了银行，接下来又有了借贷和投资……

就这样，用讲故事的方式，作者希夫兄弟给读者上了一堂堂生动的经济学启蒙课，再配上书中一幅幅让人忍俊不禁的漫画，高大上的经济学变得浅显有趣。我想，云舟也一定会喜欢读的。

“之前，咱们通过读《小狗钱钱》，已经了解了一些理财知识。现在，我们需要了解其背后的经济学常识。知其然，还要知其所以然。”我指导云舟，“首先，我们来看看，货币是如何诞生的。”

读完了书中第五章“在鱼被指定为货币之后”，云舟说：“我总算明白了，原来我们每天都在使用的纸币也可以是鱼啊！”

“那请云舟小老师给我讲讲，鱼是如何成为货币的。”我露出求知若渴的神情。

“货币的产生是因为小岛的经济发展了，有了各行各业，人们之间需要互换商品，而之前的物物交换已经不能满足人们的需求了，所以这个小岛上需要新的交换物，它能用来交换任何物品，也能被所有人接受。因为大家都吃鱼，所以鱼成了货币。”

“那么，后来人们为何要把鱼存进银行呢？请云舟小老师再讲一讲吧。”

云舟看完了本书的第六章，告诉我，由于小岛上有人发明了渔网，提高了生产效率，于是很多人手里都有了多余的鱼，而这些多余的鱼留在自己手里要面临保管或者可能失窃的问题，如果交给一个专业的地方来进行管理，不仅可以解决鱼的安全问题，而且还可以获得利息，这个专业的地方就是银行。“而且，我还发现，原来银行就是咱们之前讨论的鹅下金蛋的地方啊！”

“你真聪明。”我对云舟竖起大拇指，“不过，股神巴菲特告诉我们，最好的投资就是投资自己，因为没有人能够夺走你内在的东西，每个人都有自己尚未使用的潜力。”巴菲特对自己做的投资之一是在 21 岁时花 100 美元参加了卡耐基的公开演讲课程，这改变了他的生活和命运。

巴菲特说，无论你觉得你的弱点是什么，现在就解决它。不管你想要学习什么，今天就开始。不要拖拖拉拉，等到老了才后悔。投资你自己，你会拥有一个更有价值的人生，不仅在于你能赚多少钱，而且在于你能够从生活当中获得多少乐趣。你自己变得越有趣，就越能交到更多朋友。

“哦，原来，真正会下金蛋的鹅是我们自己啊！”云舟恍然大悟。“说得太对了！”我对她点赞道，“我们学习、读书、交友、旅行，其实都是投资自己的一种有益方式。人这一生只有不断地投资自己，不断给自己输入，才能不断有新的收获，不论是在财富方面还是在精神方面，这是能让自己在未来不断增值的一个秘籍，希望你能在今后的人生中不断地投资自己！”

培养孩子财商的小方法

一、告诉 TA“我的财富与你无关”

彼得·巴菲特是“股神”沃伦·巴菲特的儿子，也是著名音乐家、艾美奖获得者。在众人的想象中，他是含着金勺子出生的人，但他却说：“小时候我是走路上学，没有车接车送。离开大学后，我便开始独立生活，不仅要负担音乐工作室的开销，还有房贷的压力，有音乐设备等贷款要还。”他在谈到其自传《做你自己》的创作历程时曾表示，父亲从没为他开过一张支票，例如他还在为自己的音乐剧筹款。他和哥哥姐姐都是通过自己的努力开创了属于自己的事业，并拥有了自得其乐的生活。老巴菲特的教子之方值得所有的中国父母学习。

父母告诉孩子“我的财富与你无关”看似绝情，却是为孩子开启一条通向光明的人生之路的唯一正确的方式。

二、鼓励孩子行动起来

行动是让思想转化为能力的唯一路径。锻炼孩子财商的方法有很多，例如，我们可以鼓励孩子，做点自己力所能及的喜欢的事情来获得报酬，这是让孩子增加“自食其力”意识的好方式；可以鼓励孩子尝试用自己多余的东西去换取需要的东西，例如参加小区的跳蚤市场，用自己的东西去做交换，他们也可以初步体会到物物交换的含义。

在学校的活动中，无论是元旦晚会、班会、郊游、社团活动等等，老师和家长都应鼓励孩子当小管家，自己做预算、比价、采购、记账，最后总结。在家庭的活动中，例如家庭出游、家庭聚会中，也可以让孩子当小管家，让他们在实操中获得真切的体验。

三、认识财富与幸福的关系

“亲爱的，你有没有想过，如果今后某一天由于自己的努力，你拥有了一大笔财富，你该怎么做呢？”我问女儿。

“首先，我要实现自己的小目标，”她摸摸头说，“实现了之后该做什么，我还没有想过呢！”

“那我给你讲一讲微软公司创始人比尔·盖茨先生的故事吧：2008 年 6 月，比尔·盖茨先生对外宣布，将把自己 580 亿美元财产全部捐给名下慈善基金‘比尔及梅琳达·盖茨基金会’，一分一毫也不会留给自己的子女。”

“比尔·盖茨先生为什么要这么做呢？”云舟问道。

比尔·盖茨在接受英国《卫报》记者采访时说：“我没有任何政治目的，只是想让非洲的那些儿童能过得好一些！我要将我和妻子资产的 95% 捐献给世界的慈善事业，这是一个雷打不动的决定。我不知道这些钱够不够多，但是我知道这些钱是远远不够的。”

“比尔及梅琳达·盖茨基金会”已经成为世界上最大的慈善基金会。目前，该基金会已经累计捐款270多亿美元，挽救了30多万个儿童的生命。他们夫妻俩表示，不用担心自己孩子们的反应，因为如果父母教育得法，孩子们对待财富的看法会和父母保持一致。

“真了不起啊！”云舟由衷地赞叹道。

我告诉女儿，有很多人认为，财富和幸福是一对孪生兄弟，拥有了财富便拥有了幸福。但事实是，大部分人满足自己的生存需求之后都感到，幸福的拥有程度和拥有财富的多少并不成正比，甚至和财富不再有直接联系。很多高尚的人都同意美国慈善家、钢铁大王安德鲁·卡内基先生的观点——如果自己在巨大的财富中死去，将是一件非常耻辱的事情。只有把自己获得的财富回报社会，给予那些更需要它们的人，自己的内心才能够获得长久的幸福。这应该是幸福的最高境界。我想，这也应该是你们这一代人应拥有的胸怀和格局。

正如彼得·巴菲特所言：“我父亲一直跟我们说，幸福快乐是你要追求的，金钱是跟随着你的幸福和工作而来的，而不应该引领你的工作。所以，我和父亲都在做自己所热爱的事业。我继承了父亲的信仰：享受每天所做的，便是真正的成功。金钱是副产品，真正重要的是工作的实质，价值观才是最稳定的货币。”

用古诗文浇灌孩子的成长根系

王孟晗今年16岁，一笑起来就露出圆圆的酒窝，是个很可爱的男生。他是全国知名中学——人大附中国际班的学生，中考时以几乎满分的成绩（为该校国际部最高分）考进该校，是一个名副其实的学霸。

提起人大附中的教育方式，王孟晗说，自己和同学们都是很幸运的，因为这里没有一般应试教育的死气沉沉，老师们都非常强调学生要兼顾学业与能力的发展，为同学们开设IB课程（母语课程），上课的内容就以阅读为主，考试的内容是为所读内容写赏析，做演讲。“这门课我们每个学生都超级喜欢，因为它摆脱了传统语文教育对课文的肢解，保留了阅读原著的流畅性，教会我们阅读的方法，并且提升了我们母语的写作与演讲能力。我们国际班也非常重视母语的学习，老师常说，母语是学习一切学科的基础！”

王孟晗对自己的评价是：“我是一个通才，不是专才，感觉自己什么都喜欢，什么都不太精；我的文科比理科生好，理科比文科生要好，走的是综合发展路线。”他腼腆地笑了笑：“我觉得之所以自己发展得比较平衡，是因为我从小喜欢读古文书，读诠释中国传统文化的书。中国的古典文化博大精深，不断丰富着我的知识体系。”

让孩子从小学习古诗文这件事已经被众多家长认可。习近平总书记曾说道：“中国传统文化博大精深，学习和掌握其中的各种思想精华，对树立正确的世界观、人生观、价值观很有益处，让学生从小开始学习中国的传统文化，有着诸多意义。”

学前读什么

《唐诗三百首》是我建议每一位妈妈在孩子的幼年时代都应该读给孩子听的一本书。唐诗是中华几千年文明史中最璀璨的明珠，已经融入了中国人的血脉里。不管在哪里，说什么样的方言，爱好唐诗的中国人都能一起读出“举头望明月，低头思故乡”，读出“欲穷千里目，更上一层楼”，读出“空山清雨后，天气晚来秋”。这些深情隽永的文字，成了最经典的文化符号，连接着古人和我们，让我们有了共同的情感和记忆。为孩子读唐诗，或者和孩子一起读唐诗，是最美的心灵旅行。足不出户，我们就能穿越回大唐盛世，感受到诗人为我们描述的大好河山，感受到诗人的家国情怀。

在互联网时代，汉语中的那份雅致、简洁、深刻之美已经被严重破坏，而唐诗能在孩子们的心里建立一座防火墙，让他们从小开始不自觉地抵御那些粗鄙不堪的语言对自己语言系统的伤害。

《声律启蒙》是古代教小孩吟诗作对的启蒙读物。“云对雨，雪对风，晚照对晴空。来鸿对去燕，宿鸟对鸣虫……两岸晓烟杨柳绿，一园春雨杏花红。两鬓风霜，途次早行之客；一蓑烟雨，溪边晚钓之翁。”这些朗朗上口的句子，包罗天文、地理、花木、鸟兽、人物、器物等传统文化知识，读起来让人一次次感叹汉字的极致之美，再配以国画大师吴冠中的经典画作，把它们种植到孩子的心里，是对孩子最美的国学启蒙。

在未来社会中，人类的大部分劳动会被人工智能替代，人类的审美能力将会成为自身的核心竞争力之一。因此，从小培育孩子拥有从文字中体验美、欣赏美的能力也非常迫切。中国的古汉语最能给孩子带来美的体验和感受，提升孩子的人文素养。

小学读什么

《小学生小古文100课》（上下册）是我非常想推荐给孩子们的一套书。虽然现在小学语文教学中的文言文部分占比很小，对孩子也没有这方面的硬性要求，但文言文是我们最珍贵的文化遗产。正如“小古文”课题组组长朱文君所言，中国传统文化的精髓，更完整、更原生态地保留在文言文中。要想让我们的下一代传承中华文化基因，从小学开始学一点文言文十分必要。

书中收录了经典的文言故事《叶公好龙》《买椟还珠》《自相矛盾》，孔子语录“学而时习之，不亦说乎？有朋自远方来，不亦乐乎？”，诸子百家名句“上善若水”“得道者多助，失道者寡助”……这些小古文为孩子们做了一次快乐的文言文启蒙，打下一生受用的中国文化的底子。全国特级教师王崧舟认为：“随同古文一起生长为我们精神血肉的，是中国思维、中国智慧、中国情怀、中国美感，那便是中国人之为中国人的中国灵魂。”

云舟说，最近她在读《京剧原来如此美丽》，特别想推荐给同学们。她说自己本来对京剧一点儿都不感兴趣，觉得它太老土了，可自从和同学一起去长安大剧院看了一场《穆桂英挂帅》后，就被京剧深深迷住了。在舞台上，演员们扮相优美，淡定从容，举止优雅，唱腔霸气，简简单单的几个动作，就指挥着千军万马，简简单单的舞台布置，就代表着斗转星移。京剧的魅力实在是太强大了！

《京剧原来如此美丽》用几百幅手工绘画的插图和深入浅出的文字，详细介绍了京剧的前世今生、角色之美、化妆之美、戏服之美、音韵之美、舞台之美，还介绍了好多京剧里的超级明星。这对于普遍对京剧感到陌生的00后来说，真是太棒了！云舟说，自己下课时随便翻开书中的一页，读一读那么美的文字和图片，真是一种莫大的享受。

书中最让人大开眼界的是京剧的虚拟舞台艺术。舞台上的几把椅子、一张桌子，就能演绎出朝廷、宴会、寺庙、灵堂、后宫、军营等各种不同的场景。云舟说，我们这些年轻人，平时看了不少电影大片，知道这些是需要花几百万甚至几千万才能搭建出来的场景，还要配以各种声光电的特效特技，才能出效果。而在京剧中，那么简单的布景，仅仅凭演员们出神入化的表演、传神的动作和眼神，就能表现出复杂的剧情和人物形象，完全不逊于那些大片，真的是太神奇了！

为何孩子们要读一读这本书？因为他们需要在年少时体会一下国粹的美。虽然近些年京剧由于种种原因衰落得厉害，但是京剧当中唱念做打，无不优美动人。孩子们多了解一分京剧，自身的生命体验就多一分，对万事万物的审美认知也将提升一分。人生只有一次，如果想让自己的生命更辽阔、更丰富，就要用更多的“美”来填充自己的内心。

中学读什么

王孟晗说，上初中后，他迷上了看蒋勋老师的书，《蒋勋说文学之美》系列丛书他读得津津有味。其中，《蒋勋说唐诗》《蒋勋说宋词》《蒋勋说文学》是他最想向同学们推荐的。

蒋勋先生是台湾知名画家、诗人与作家，近年来专门从事海峡两岸美学教育的推广。他说：“美之于自己，就像是一种信仰一样，而我用布道的心情传播对美的感动。”因此，在《蒋勋说唐诗》中，蒋勋先生讲述了自己心中最美的唐诗和最好的诗人，用美学思想为我们详细解读了唐诗为什么会那样灿烂华美，为什么能够跨越千年时光，让现在的我们依然感动不已。

“在这本书中，你最喜欢蒋勋老师对于哪首诗的解读？”我问道。

“我最喜欢的是作者对于张若虚《春江花月夜》的解读。在他的文字中，我了解和感悟到了中国古诗中难得的宇宙意识。”王孟晗说，“全诗中，最让我震撼的是那句‘江畔何人初见月？江月何年初照人’，谁是在江畔第一个看见月亮的人？江边的月亮什么时候照到了人？这个提问一下子就上升到了哲学高度，让人去直接面对苍茫的宇宙，体会到了一种巨大的孤独感。作者说，这个问题肯定是无人能解。这让我感到个人在这轮江月面前是如此渺小，在这滚滚向东的江水面前如同一粒尘埃，江水和江月逼迫我们放下当前琐事，去思索生命的意义，去思索宇宙的起源，我想这就是宇宙意识吧。而一旦有了这样的宇宙意识，我就会觉得眼前的那些小烦恼和小困惑，都不值一提。”

《蒋勋说宋词》是王孟晗初中时最爱读的一本书。这是蒋勋先生的另一力作，将宋词不同于唐诗的另一番意境与景象为我们娓娓道来，重点为我们分析了李煜、柳永、苏轼、李清照、辛弃疾等几位大词人的经典作品。

“在本书所写的宋代词人中，你最喜欢哪一位呢？”我问孟晗。

“我最喜欢辛弃疾，因为他既有作为一名沙场男儿慷慨激昂、热血沸腾的一面，也有深情婉约的一面。辛弃疾曾带兵打仗，但最终没能实现北伐中原的梦想，所以，在他写的‘醉里挑灯看剑，梦回吹角连营’‘金戈铁马，气吞万里如虎’‘把吴钩看了，栏杆拍遍，无人会，登临意’这些词句里，我读到了豪情万丈，也读到了寂寞苍凉。

“我也很喜欢辛弃疾的‘少年不识愁滋味，爱上层楼，爱上层楼，为赋新词强说愁’，这可能正是对这个年纪的我们的典型写照吧。”王孟晗调皮地眨眨眼，“另外，‘众里寻他千百度，蓦然回首，那人却在，灯火阑珊处’这句我也很喜欢，很有哲学味道。不知何时，我也能体会到如此让人心动的一刻。”

“会等到那一刻的！”我笑着祝福他。

“另外，我也很喜欢苏东坡，因为他是个豁达开朗，有生活情趣的人，虽没有辛弃疾纵横沙场的激昂，但他有的是生活中的温情，有杜甫诗中‘夜雨翦春韭，新炊间黄粱’的那种平实。他可以说是一位多面化的天才，有着自己独特的闲适和幽默，同时又带一点儿孩童般的天真。我喜欢他的豁达洒脱的《定风波》、怀古抒怀的《念奴娇·赤壁怀古》、朴实有趣的《猪肉颂》。我喜欢的正是他这种独特的个性。”

“另外，我特别喜欢这本书封面上的这几句话。”孟晗指着给我看，“‘阅读宋词，就像在阅读生命本身，饱满与孤独、喜悦与感伤各具其美。记得花间晚照，记得金戈铁马，豁达面对得失起落，好好珍惜自己。’这是在说，豪迈的宋词是一种美，婉转的宋词也是一种美，正如人生，得失成败，何尝不都是一种体验？”

读完《蒋勋说宋词》之后，孟晗又读了《蒋勋说文学》。在本书里，蒋勋先生全面系统地梳理了中国文学，以美学视角诠释了从先秦到现代近三千年的中国文学之美。蒋勋先生凭借深厚的美学功底及对现实生活的敏锐洞察，用平实的语言将《诗经》《楚辞》以及汉朝和魏晋文学中的经典作品娓娓道来，以古典文学特有的意境，帮助大家回归心中的田园。

“在《蒋勋说文学》中，你最喜欢读的是哪个篇章？”我问孟晗。

孟晗说：“在这本书中，我最喜欢蒋勋老师对于《诗经》的解读。从前，我总觉得《诗经》特别深奥，很多文字又很生涩，一度对它产生了畏惧情绪。可蒋勋老师告诉我，‘风’就是当时十五国的民歌，是各国的劳动人民在田间地头传唱的最自由自在的诗歌，表达的都是人们最自然、最朴素的情感，而诗经的语言也是最质朴、最原始的。

“其中，我最喜欢的是《蒹葭》这首诗：‘蒹葭苍苍，白露为霜。所谓伊人，在水一方。溯洄从之，道阻且长。溯游从之，宛在水中央。’它像一幅水墨画，透着淡淡的忧伤、淡淡的惆怅，还有着对未来的希望。蒋勋老师说，《蒹葭》留下了最完美的古典情感。”

“阅读了蒋勋老师这一系列书之后，我觉得古文和历史已不再是课本上那些枯燥无味的注释、背不完的年代，而是古代的大文豪们和现代的我们穿过时空隧道，站在一起，彼此对话。他们越过千年的时光和我们相会，是为了给我们的生命带来最广阔、最美好的体验。”孟晗这样总结道。

学习古诗文的方法

一、大声诵读和记忆

全国著名特级教师于永正曾说：“小古文怎么学？粗知大意，背下来再说！”对此观点，我很认同。从我与云舟的共读经验来看，给年幼的孩子读唐诗时，不用给孩子逐字逐句地解释，给他读就好了，让他背就好了，那样美妙的音律是对孩子最好的哺育，那些千年沉淀下来的瑰丽诗句将永远刻在孩子的心里。

二、结合课堂学习的知识点

在小学和中学的语文教学中，老师会讲解古诗文中的重点字、词，讲解作者生平和创作背景等，这些方法可以和孩子的课外古文阅读相结合。

例如，王孟晗初中学完了课文《核舟记》，对中国古代的工艺技术产生了很大兴趣，自己又找来了《梦溪笔谈》啃起来。这可是一部大书，被誉为“中国科学史上的里程碑”，是北宋科学家、政治家沈括撰写的一部关于古代中国自然科学和社会历史现象的综合性笔记体著作。全书共有30卷，内容涉及天文、数学、物理、化学、生物等各个门类学科。

这部大书孟晗是如何啃的呢？他说：“我主要看的是故事、技艺、器用三部分，因为当时通过看故事能了解一些古代文化，包括祭祀、节庆等等。我的阅读方法就是首先结合注释，通读一遍，了解并总结一下主要内容，然后再关注文章中虚词的用法以及特殊句式，若有不理解的会在一旁批注。”

读完这部大部头，孟晗感觉收获颇丰，了解了中国古代的文化和百科知识，极大地拓展了知识面，同时复习了实词和虚词的用法等知识点，这些知识点对于课外的文言文理解有很大帮助。

三、利用碎片化时间阅读

谈起古诗文的学习，很多家长会想到给孩子报班。这或许能起到立竿见影的效果，但却不是最好的方法。我认为，孩子的古诗文学习，应该是润物细无声、水滴石穿的。

我们可以利用孩子上学或放学的路上，饭后、睡前时间，每天固定一个时间段，10分钟左右，和孩子一起读一读、背一背古诗文，以此构成一段快乐的亲子时光。只要坚持一段时间，你就会发现，孩子爱上了读诗背诗，孩子开始在说话、写作文时用上了古诗中的句子。

王孟晗说，在学业压力大、学业负担重的初中，他还能保持很大的古文阅读量，秘诀就在于——下午六点多放学，上晚自习到九点半，在此期间高效地写完作业，之后回到家就开始阅读，坚持每天有30分钟的阅读时间。看来，利用一切碎片化时间进行阅读，是所有优秀学生的高效能习惯。

“作为一个国际班的同学，你花不少时间阅读这些有关古典文化的书，对自己的学业有什么帮助吗？”我问了一个很多家长认为很现实的问题。

孟晗说：“我觉得，一个人只有对自己的母语文化了解得越多，了解得越透，才能形成自己庞大而深刻的认知体系，就好比中华文化是我们的根系，只有有了它的滋养，我们才能在未来世界的舞台上凌空起舞，逆风飞翔。”

的确，一个人从小有没有受过中国传统文化的熏陶，有没有学过古诗文，很大程度上决定了一个人将来能到达的人生高度和专业成就。学习中国古诗文，是对孩子的成长根系最基础、最优质的浇灌。

严肃文学的魅力，
只有真正“会读”的人才知道

风一起，
树就知道了，
对落花从来不问归期。

轻狂是可以再有，
而叹息仅一次。

遗迹值得回味，
若整个文明没有观众，
也足够独自回味。

以上是00后校园作家、诗人袁天豪的诗集《消逝的信与书》中的一首。谈起自己的创作，他说：“在诗歌写作之途中，我收获了足够多，当我把对世间万物的热诚与感动、思考与探究收编为文字，并重新赠予它们时，我也得到了热烈的响应。这样想，我确实正在从事这样一项从古至今人们都在进行的伟大事业——令生活和抗争本身成为一种让全人类欢欣鼓舞的矛盾，从而推动人

文社会的发展，尽管它包含了诸多苦难。”

18 岁的袁天豪是成都石室中学的学生。他看起来很沉静，眉宇间透着中国书生式的儒雅，但话语中流露出的犀利深刻又让人不得不感叹后生可畏。他热爱文字，善于思考，充满爱心，目前已经出版作品集《在路上》、诗集《消逝的信与书》。他在文学创作的道路上已经崭露头角，曾获第二十一届全国汉语作文考级暨现场作文大赛总决赛特等奖、第十五届“叶圣陶杯”全国中学生新作文大赛决赛一等奖、全国青少年冰心文学大赛全国总决赛金奖。

天豪说，自己在文学创作方面有了一点点成就，这缘于自己从小到大坚持阅读严肃文学。“严肃文学作品能培养独立思考和体悟生命的能力。阅读严肃文学作品不具有很强的娱乐消费性，这种阅读是庄重的。严肃文学作品的内涵和精神具有永恒的价值，我们能从中汲取人类社会的精华，这是阅读其他书很难达到的。我的创作大概都是从中得到的启发。”

当下，以刷微信、刷微博为主要形式的碎片化阅读已经成为年轻人阅读的主流。这固然顺应了移动互联网时代的要求，利用碎片化时间进行阅读是有积极意义的，是快速了解世界的一种方式，碎片化阅读比什么都不读、只玩手机游戏强多了。但这样的碎片化阅读，对于少年而言，却是一场灾难。这会让孩子们不再获得深刻动人的文字，不再拥有完整的思想体系。而深刻动人的文字和完整的思想体系的发源之地便是严肃文学，所以我认为，在孩子的童年和少年时代，阅读严肃文学对于他们的成长具有不可替代的重要意义，能够帮助他们成长为一个真正优秀和高贵的人。

小学读什么

我特别想把《中国百年文学经典桥梁书》推荐给低年级的孩子。本套丛书选取了中国近现代文学大师的作品共 27 篇，包括鲁迅先生的《从百草园到三味书屋》《故乡》《社戏》《风筝》、林海音先生的《城南旧事》、朱自清先生的《春》《匆匆》、冰心先生的《小桔灯》等众位大师的经典名篇。这是云舟学前时最爱听我读的一套书，她识字后又反反复复地阅读了好多遍。可以说，云舟的文字功底是在那时打下的。这些民国文学大师的传世之作，值得孩子们多次阅读并背诵。

在《城南旧事》里，学校上空的阵阵钟声和孩子们毕业时的歌声，冬日暖阳下的骆驼队缓缓走过时的悦耳铃声，北京城南的那些景色和人物，在作者豁达从容、纯美清新的笔下都显得那么温暖朴素，让人怀念，让人回味。作者怀着深深的眷念之情书写了成长，书写了乡愁，让实际的童年过去，心灵的童年永存。读完此书，我们可以鼓励孩子也拿起笔，写一写自己的童年趣事，这将是他们送给自己未来的一份礼物。

《小王子》是我推荐给小学高年级孩子的必读之书。这是一部法国童话，讲述的是一位意外坠机的飞行员偶遇了来自外星球的小王子，听他讲述自己和玫瑰花、狐狸以及在外星球遇到的种种荒唐可笑的大人的故事。故事里的飞行员就是作者本人，而小王子是他那颗不灭的童心。尽管他已经长大，但还是愿意像一个孩子一样看待世界。作者希望所有的孩子都一直保持这样一颗纯粹的少年心。小王子说，其实，长大并不可怕，可怕的是我们失去了用心看世界的能力，因为重要的东西用眼睛是看不见的。我也希望读完此书，孩子们能明白，无论到多大年纪，经历过多少困难，都需要一直拥有一个有趣的灵魂、一颗单纯善良的心。另外，孩子读完此书会明白一个道理——爱和责任并存。责任是爱的一部分，少了责任的爱，就意味着没有爱。在书中，当小王子拥有玫瑰时，他就要接受她的刺，还有花总有一天会枯萎的事实。我们的孩子必将长大，在成长阶段，他们需要知道什么是成长，成长就是正视害怕并充分体验害怕，只有穿越害怕才能拓宽自我的边界。因此，担当起责任，孩子才会真正长大。

《青铜葵花》是曹文轩老师的另一部代表作，也是云舟的挚爱之书。她为小伙伴们推荐这本书的理由是："人性是这世间最高贵的花。"

青铜葵花本是一种雕塑品，青铜十分坚硬，风吹雨打都不易变形，葵花则是阳光、坚强的象征。两者在一起的组合十分奇妙，它是一个小小的缩影，代表的是两种人，一种像坚韧的青铜，一种像阳光的葵花。

作者曹文轩曾经说过：“我小说里的每一个人物都会经历苦难。”葵花是曹文轩爷爷笔下的一个经典女主角，聪明又勇敢、文弱但坚强。她的生活发生巨变时，青铜哥哥出现了。他带着葵花来到了一个新的家庭，一个新的世界。

葵花不再是从前温室里的花朵，而是一朵生长在野外、久经风吹雨打、坚强的葵花。青铜则是一位十分特殊的哥哥，他不会说话，却最爱护妹妹葵花，把上学的机会留给她。现在的人可能认为这也没什么，可是在那个时候，上学是改变命运的唯一方法呀！他却让给了其实和自己并无血缘关系的妹妹！

他在一旁远远地微笑着看着葵花成长，为她遮风挡雨。之后，他们一家老小携手走过了一程的风风雨雨、天灾人祸。葵花坚强了很多，也懂事了很多。这应该正是曹文轩爷爷说过的，在苦难中成长。

《青铜葵花》为我们展现的是最纯洁的人性美，它经过苦难的洗礼，变得更加坚不可摧，就像青铜葵花一样。我想这也正是曹文轩爷爷通过苦难来磨炼角色的原因吧，让那最高贵、最罕见、在绝境中仍不放弃的人性之美传遍世间。

袁天豪则想把余华推荐给学弟学妹们。“在我喜欢的中国作家中，余华是我很尊敬的作家。我记得初次接触余华，是读了他写的《活着》《在细雨中呼喊》《许三观卖血记》，后来又读了他的《第七天》。在小学优秀范文中充满‘啊，我爱春天’‘我为死去的爷爷悲伤’这种直抒胸臆的表达之外，我第一次看到有作家能以如此冷静的笔触近距离描写死亡与生命。他把绝望写得不动声色，把所有的故事变成一个故事，然后邀请你参与这个主角的人生。”

“读完余华的作品，我便突然感到自己语言的苍白，那并不是我的词汇略显鄙陋，而是那种表达方式的力量感完全不同。当时我对余华的理解尚不能更进一步，在我认识到自己脆弱的同时，我对书中人物投入了极大的悲悯。仅仅是这份悲悯，就让我明白了小学校园外还有这样一个环境。事实上，从我意识到的那天起，我已进入这场文化的苦修。”

中学读什么

天豪说，海明威是对自己产生重大影响的作家。“初中毕业那年暑假，我捡起了一位小学时一掠而过的伟大作家——海明威。在小学、初中、高中，我每个阶段都各读了几遍《老人与海》，以前对海明威的理解仅限于这部小说。直到有一天，我在图书馆中重读此书时感到一阵难受，站起身来四处走动。那天是风雨天，风扇动着窗户，雨像垂直的瀑布一样砸在街道上，图书馆里温暖而安详，但我感觉自己像浑身湿透了一样，刚刚结束一次远航。”

《老人与海》是美国作家海明威的代表作，讲述了在墨西哥湾里，一位老渔夫与一条巨大的鱼搏斗的故事。他们互相角力了三天三夜，最后老人拖着一副大鱼的骨头架子，回到了岸边的小屋，一个孩子正在那里等他。那是一场人与海的惊心动魄的斗争，更是一场人与自我的殊死较量。海明威通过这个故事告诉孩子们，“人不是为失败而生的，一个人可以被消灭，但不可以被打败”。在这个花样美男盛行的当下，我们更加呼唤这种永不言败、永不被摧毁的硬汉精神，这也是男孩必读的成长经典。

“我马上翻出了海明威的所有小说，如饥似渴地阅读。在那个雨季，我从《老人与海》正式迈向完整的海明威。看完他的大部分作品，再重新读《老人与海》时，一切又充满新的意味。

“那时我写了一篇最接近海明威风格的作品——《我想凡事都能勾起你的一些回忆》。这篇作品与海明威的一篇文章同名，在我向其致敬的同时，也意味着我将就此接受海明威给我带来的改变。我希望我的笔尖凝聚多位伟大作家的灵魂。”

《动物庄园》是一部值得中学生认真阅读并反思的书，它是英国著名作家乔治·奥威尔 1945 年出版的讽刺小说，书中讲述了这样一个故事：在曼纳庄园里，动物们发动起义，推翻人类暴政，建立了“动物民主自治社会”，但最后革命成果却成为猪的盛宴，猪变成了人，而动物们继续着悲惨的生活。通过这个故事，孩子们会发现，原来小说不仅仅有情节，还会暗藏作者的观点，而要理解作者的观点，就要对文字本身进行分析，去理解作者的比喻和讽刺，这一过程能提高孩子阅读经典、理解讽刺的能力。

这部有趣的寓言小说，会让孩子了解什么是包裹着蜜糖的谎言，什么是真正的自由，什么是人性的弱点，也会开始对一些社会问题进行反思，这是锻炼他们的批判性思维的良好机会。

《人类群星闪耀时》是奥地利作家斯蒂芬·茨威格的传世名作，他选取了从大航海时代到现代文明中 14 个英雄人物一生中的特定片段，为我们展现了一段段波澜壮阔的历史。例如，书中用剧本的方式，为读者展现了俄国大文豪列夫·托尔斯泰生命的最后时刻。因为托尔斯泰对自己的地主庄园生活方式一直感到非常不安，一天深夜，八十二岁的托尔斯泰悄悄起床，离家出走，十天后病死在一个名叫阿斯塔波沃的小车站。作者说道：“一个平淡的和卑贱的命运与他的伟大毫不相干，如果他不为我们受苦受难的话，他就不是今天属于人类的列夫·托尔斯泰了。”

托尔斯泰一生都在寻找真理，直到八十多岁也没有停止。他离开自己的庄园，是为真理和自由而做出抗争。尽管这个抗争的代价是衰老和病死在未知的地方，托尔斯泰也充满勇气和执着去面对。这样的冒险精神、斗争精神，就是人类群星闪耀的时刻。

在这样一个娱乐至死、平庸泛滥的年代，希望我们的少年能和这些书中的伟大人物一起感受少有的理想主义、浪漫主义和英雄主义。

阅读严肃文学的方法

与绘本、漫画、通俗小说相比，严肃文学的文字更书面化，结构更宏大，篇幅更长，对于孩子来说阅读难度更大。所以，阅读严肃文学，需要掌握一些方法。

一、先读序言

阅读文学作品，一定要首先进入阅读场景，即要进入作者笔下所描写的那个时代和世界，而序言是进入阅读场景的一条捷径。

在序言里，一般会有作者的生平、创作年代和创作背景介绍，如果是作者本人写的序言，作者会写到这本书的创作缘起、创作目的和自己的核心观点等，如果是别人写的序言，会有对这本书的评价。这些都会帮助读者在阅读之前，先对书形成一个基本的认知，带领读者进入阅读场景。

在阅读完书的一部分后，我建议回过头来再读一遍序言，这样做一方面会对序言里的内容有更深刻的认识，另一方面序言中的某些观点会加深我们对于书的理解。

二、精读和泛读相结合

对于那些长篇巨作，可以采用精读和泛读相结合的方式。

精读即逐字逐句地仔细阅读，带着问题去阅读，有思考地阅读，读后细细品味、掩卷沉思，泛读则是指快速阅读，一目十行地阅读，甚至跳过一些自己不感兴趣的章节、无关紧要的描写。

例如，对于林语堂先生的《苏东坡传》的一些章节，我建议精读：

第三章 “童年与青年”

这一章讲的主要是苏东坡的童年和青年时期，承欢父母膝下读书学习的经历。他的家庭充满书香气息，母亲通过《范滂传》启示他做一个正直勇敢的人，父亲勤于读书，不畏落榜，坚持学习。苏东坡天资聪明，非常勤奋，常常用抄写来加强记忆，熟读了大量古籍经典。读完这章，家长可以和孩子讨论一下，聪明的孩子是不是也需要踏实勤奋地学习呢?

第十五章“东坡居士”

这一章讲的主要是苏东坡被贬官到黄州后，面对生活的困窘，用握笔的手拿起锄头，自己动手丰衣足食，享受耕种的乐趣和大自然优美恬静的馈赠。他是怡然自得的，也是自在快活的。读完这章，家长可以和孩子聊一下，如果生活给我们逆境的考验，我们应该怎么面对呢？

在阅读一本大书时，精读和泛读可以相结合。建议孩子们先看那些自己感兴趣的章节，这样能够激发起阅读信心和进一步的阅读欲望，而对于某些自己不感兴趣的章节，可以大概浏览一下或者先不读，这样能够大大提高阅读效率，减少“读了几页就读不下去，读了不到一半就放弃”的情况发生。

我认为，严肃文学是打磨成长的最好利器。在文学之路上，每个孩子都会收获满满。“近期的探索之路，一方面能使我清晰地感受到我在路上，一方面也能察觉路漫漫其修远兮。”袁天豪说道。而在对严肃文学的不断探寻之路上，少年们终将如蝴蝶般完成他们生命之中的一次次蜕变，最后展翅飞向属于他们的明天。

喜爱阅读的孩子，更会管理自己

最近，妈妈们常常问我这样的问题：

“孩子写作业拖拉，思想不集中，草草了事，这怎么办？孩子容易发脾气，控制不住自己的情绪，怎么办？孩子爱玩手机，约定好的事，也做不到，怎么办？孩子学什么都不够认真，好像是抱着完成任务的心态。”

我认为，孩子们的这些问题，看似五花八门，归根到底是孩子的自控力缺乏或者说自控力不够，克制不住自己的行为所造成的。

那么，什么是自控力？自控力是个体在没有外界监督的情况下，适当控制、调节自己的行为和情绪，是保证目标实现的一种综合能力，也是一个人走向成功的重要心理素质。

一个孩子的自控力与他自身的智力因素是没有关系的，自控力来自孩子的内心，而不是头脑。每个孩子的自控力都具有差异性，而正是这些差异性，导致了孩子行为上的不同。

拥有较强自控能力的孩子所表现出来的优势是，能积极、持久、稳定、有序地去实现自己人生的一个又一个目标。

拥有自控力的孩子，能克服学习上的种种困难，管理好自己的时间，很好地完成学业；拥有自控力的孩子，能抵挡住外界的不良诱惑，管控好自己的行为，品行端正；拥有自控力的孩子，能抵挡住美食的诱惑，较好地管理自己的健康和运动计划。

如果家长能够让孩子从小就开始刻意地锻炼和提升自控力，那么未来他一定是一个懂得如何管理人生、如何获得幸福的优秀的人。可以说，自控力是孩子能否拥有幸福人生的基石。

既然自控力对孩子如此重要，那么家长应该如何去做呢？

给大家分享我的一个故事：

在云舟读学前班的时候，老师把我请去谈话，说云舟在课堂上总是爱和同学讲话，老师讲课的时候也爱插嘴。我立刻意识到，这是孩子自控力较差的表现。那么自己该用什么方法，帮助孩子提升自控力呢？

孩子，先别急着吃棉花糖

我决定还是用阅读这个方法。这一次，我选择了《孩子，先别急着吃棉花糖》这套书。这是一套风靡全球的关于儿童情商培养的书，书中用生动有趣的笔调，讲述了一个小女孩珍妮弗的成长故事。

珍妮弗是个十来岁的美国小女孩，她的爸爸是个成功人士，但平时忙于工作，与她交流的机会较少。珍妮弗的身上有着小女孩常见的缺点：爱迟到，缺乏自信，没有人生目标，爱在背后说别人的坏话……

面对女儿的这些问题，爸爸并没有过多的担心，只是给女儿讲了一个自己小时候的故事："四岁的时候，我参加了一个著名的棉花糖实验，那是斯坦福大学为孩子们设计的实验。我被带到一个单独的房间，桌上放了一颗香甜的棉花糖。一个叔叔告诉我，如果忍上15分钟不吃的话，就可以再得到一颗棉花糖。于是，我就用各种小方法，终于熬过15分钟，抵挡住棉花糖的诱惑，又得到了一颗棉花糖。"

十年之后，实验团队对当年参加过实验的小朋友展开了第二次调查，结果是：当年忍住没吃棉花糖的小朋友，长大后都学业优秀、人际关系处理得较好，比较懂得控制自己的情绪。而那些没忍住的小朋友，表现就没有那么好。

这个实验告诉我们：用忍耐抵挡住眼前的诱惑，终将获得更大的成功。

我把书中珍妮弗和他爸爸的故事读给云舟听。我对云舟说："其实啊，我们可以把生活中面临的每一个小诱惑都看作一颗棉花糖，如果我们能做到管住自己，不接受这颗棉花糖，那么，我们就能有更大的收获。"

"例如，如果你能做到上课管住自己的嘴巴，不和同学乱说话，那么，就会得到老师的表扬而不是批评，也会得到妈妈的奖励哟！"

然后，我和女儿约定，如果明天她能做到一节课不和同学说话，不插嘴，也将得到一颗好吃的棉花糖。

那么，家长可以用哪些具体的方法来提升孩子的自控力呢？

通过教育实践，我总结了三个实用的方法。

方法一：自控力提升表

我为女儿设计了一个自控力提升表：横轴是时间和孩子的表现，竖轴是她的自控力分值。例如，9 月 20 日，她做到了一节课没和同学说话，自控力是 3 分；9 月 22 日，她做到了两节课没和同学说话，自控力是 4 分……到了学期末，云舟的自控力分值达到 70 分以上，在图上，就表现为高高扬起的曲线，为此云舟很有成就感！

云舟开始慢慢体会到，原来管住自己上课不说话，不仅能得到物质上的奖励，还能得到家长和老师的肯定和表扬！管住自己，她完全可以做到，由此对自己有了更大的自信。

家长也可以试着为孩子设计一个自控力提升表，针对孩子的某一个弱点，鼓励他一点点改正，一点点进步，并结合物质奖励和精神奖励，让孩子惊喜地看到自身的进步。

方法二：打造“美丽计划”

对于中高年级的孩子来说，美丽是一个很时髦的话题。女孩们都希望自己苗条、美丽，男孩们则都盼望自己高大、帅气。我们可以告诉孩子，美丽并不都是上天的赐予，如果我们能很好地管理自己的饮食，积极运动，就能拥有梦想的一切。这个过程，其实就是很好地提升孩子自控力的方式。

在2018年女神节的时候，云舟班上的女生们发出了一个“美丽倡议书”，我觉得很有意思，也很有意义，在此与大家分享一下：

> 为了减肥，为了美丽，我们发出倡议：从今天起，让我们每个人都写下自己的饮食计划和运动计划，并且，让我们互相监督，立刻行动起来！
>
> 一、告别零食
>
> 我们要告别零食，因为吃零食容易发胖，尤其是要告别那些没营养的垃圾零食，只吃少量的高质量零食，如酸奶和坚果。请大家记住，毫无节制地吃零食是最可怕的行为！
>
> 二、自我节制
>
> 当我们面对丰富的自助餐和节日大餐时，不要改变自己平时的饮食习惯而暴饮暴食，要学会克制美味食物带给我们的诱惑，这是对待食物的健康态度！这种对于美食的自我克制，不仅能让我们拥有健康的身材，还能让我们学会如何抵挡住外界更多的诱惑。坚守内心，将会使我们终身受益。
>
> 三、尽一切可能多运动
>
> 我们不要以为运动仅仅是运动场上、体育课上或体育俱乐部里的锻炼，实际上，在日常生活中，随时随地可以利用

一切机会多运动，例如用步行代替坐车，用爬楼梯代替坐电梯，多做做家务。在休闲时间，尽量不要做“沙发土豆”，而是去散步或参加社交活动。总之，让我们每天都积极地挑战自己，多运动起来，跟懒惰说 bye-bye！

可以说，孩子们的这份倡议书，不仅仅是减肥倡议书，更是挑战自我、提升自控力的倡议书，如果能以此实践，那么他们收获的不仅仅是美丽健康的外表，而且是一颗颗强大的能抵御外界任何不良诱惑的内心，这将让他们受益终身。各位家长朋友，您也可以让孩子试着写一份美丽计划，并开始付诸行动哟！

方法三：父母以身作则

还是那句老话：“孩子不听我们的，他们模仿我们。”

如果我们回到家后无节制地玩手机，孩子一定也沉迷于手机游戏；如果我们暴饮暴食，孩子很有可能成为肥胖儿童；如果我们是宅男宅女，孩子很难做到热爱运动。

只有我们学会管理自己的行为和情绪，成为一个有理智、有节制、有目标的人，孩子才有可能成为同样的人。

很少有孩子从小就懂得自我控制、抵挡诱惑，这是一项需要经过后天培养的能力。而自控力培养的关键，在于为人父母的言传身教，在于成功的家庭教育，这才是“棉花糖实验”的真相。

最后，我总结一下，本文的重点是如何用阅读这个教育工具让孩子认识自控力，以及培养和提升孩子自控力的三个方法：1. 为孩子设计自控力提升表；2. 鼓励孩子做“美丽计划”，管理自己的健康和运动；3. 父母以身作则。

心理学家何常明在他的著作《自控力》里说：“人生中有两种痛苦，一种是努力的痛苦，一种是后悔的痛苦。而我认为，后者要比前者大千倍。”乔布斯曾这样说道：“自由从何而来？从自信来，而自信则是从自律来！先学会克制自己，用严格的日程表控制生活，才能在这种自律中不断磨炼出自信。”所以，这种自律即自控力是我们家长需要下大力气，从小为孩子培养的能力。

怕孩子不知柴米贵，不妨给他念念“创业经”

2015 年秋天，上小学四年级的云舟在新闻网站上看到这样一张照片：一个身着红衣的 3 岁男孩，面部朝地，伏在土耳其的沙滩上，已然没了气息。他与家人一同乘坐难民船从叙利亚前往希腊，母亲与兄长不幸溺亡，只有父亲生还。

她让我看这张照片。泪水模糊了我们的双眼，我告诉她：“宝贝，在这个星球上，还有很多很多无家可归的孩子，还有很多很多死于战乱的孩子，还有很多很多在死亡与饥饿生死线上挣扎的孩子。”

在我的建议下，她点开了“联合国儿童基金会”网站，读到了更多的故事：非洲的小朋友没有可饮用的洁净水，缺乏可食用粮食，骨瘦如柴；中东某些国家的小朋友在战火中失去了家园；南亚一些国家的小女孩被迫在十二三岁嫁人，受尽虐待……

屏幕上的孩子们个个衣衫褴褛，却都有着一双透明清澈如水晶般的眼睛。云舟久久地看着那些照片，沉默不语。

吃晚餐的时候，她和我讨论了起来：“妈妈，我想尽我的力量帮助这些同龄人！”我鼓励她：“非常好啊，你决定怎么帮助他们呢？”

云舟说，想把自己存折里的压岁钱都拿出来，全部捐给联合国儿童基金会。

我突然意识到，这是启发孩子的创业意识的好机会，于是说："云舟，你的爱心让我很感动，但我觉得，你的压岁钱是长辈们所给的，如果你能用自己的劳动创造收入，再把它们捐出去，这样做会更有意义。你可以试着自己创业哟！"

我之前从事财经新闻行业多年，创业精神是我们这个圈子里的高频词汇，无论是企业家、公司高管还是年轻的大学毕业生，都喜欢用这个充满创新、激情、勇气、坚持的词来激励自我。那么，对于尚在学校学习的青少年而言，他们是否需要培养自己的创业精神以及创业能力呢？答案是肯定的。因为，创业是一个从0到1的过程，是培养孩子的领导力、创新精神、沟通能力、合作能力的绝佳实践过程，是孩子体验社会、体验人生的一个良好途径。

《华尔街日报》曾撰文表示，在美国不少地方，年幼的孩子纷纷参加"教你如何创业"的儿童培训课程，主办方承诺能培养尚未到青春期的孩子的创业技巧。一些学者认为，在童年时期开发培养孩子的创业精神至关重要，因为人类生来想象力丰富、精力充沛且愿意冒险，却在成长过程中逐渐丢失了创业所需的这些精神。提倡者称，此类项目弥补了教育体系的缺陷，现在的就业市场以技术为核心且瞬息万变，但如今的教育体系并未让学生做好充分准备。

那么，要培养孩子的创业意识，从哪里开始着手呢？

还是从我们最熟悉的阅读开始吧。

送报纸的山姆·沃尔顿

回到刚才的故事。云舟听完我的建议后表示："自己创业这个主意听起来不错。意思是我可以试着挣钱了？但是，我应该怎么做呢？第一步应该从哪里开始呢？"

我想了想说："这样吧，我给你讲讲山姆·沃尔顿与乔布斯年少时的故事。他们就是少年创业的典范，正是他们少年时代的锻炼，成就了他们之后的商业传奇。说不定，他们的故事能给你一些启发呢！"

"咱们常去沃尔玛购物，可你知道吗，沃尔玛是全球最大、最有影响力的企业之一，总部位于美国，在全球几十个国家有将近一万家分店，连续多年在世界500强企业中居首位。它的创始人山姆·沃尔顿在1985年成了美国首富，其家族资产几乎是比尔·盖茨财富的两倍。"晚饭后，我给云舟讲起了故事。

"可是，这位美国首富过着非常节俭的生活。他穿着沃尔玛的工作服，戴着打折的棒球帽，开着一辆又老又破的货运卡车上下班，在一家小理发馆里理发。他在自传《富甲美国》中说，这是传承自他父母的财富价值观：对每一美元怀有强烈的、根深蒂固的尊重，绝不乱花一分钱。"

云舟说："这可真是好新奇啊。我在媒体上看到，中国的很多富豪好像不是这样生活的。"

我接着讲："一切都要从山姆·沃尔顿的少年时代说起。1918年，山姆·沃尔顿出生在美国中部俄克拉何马州的一个小镇里。他的成长正赶上了美国历史上一个相当艰苦的时期——大萧条时期。所以，山姆在七八岁的时候，就开始送报纸、争取订户，还喂过兔子、鸽子，然后拿出去卖。在这个过程中，山姆开始意识到，用自己的双手挣得一元钱是多么不容易的事。

"在整个高中时代，山姆继续送报纸。进入大学之后，他又增添了几条送报路线，雇了几个帮手，让送报这件事成为一项相当红火的业务。他每年大概能挣到4000到5000美元！当时的四五千美元是什么概念呢？1940年，美国人的年均收入是1368美元。也就是说，大学还没有毕业的山姆，就拥有普通美国人三四倍的收入！

"当地报纸的发行部主任回忆说：'山姆·沃尔顿实际上成了我们的首席推销员。每年学校开学，我们都会在学生中搞征订活动，而山姆每次都会在活动中争取到比其他人多得多的用户。他非常棒！'"

"那山姆是如何做到的呢？"云舟问。"这个问题提得好！"我鼓励她。

"山姆是这么解释的：13岁时，由于他救起了一个落水儿童，成为当时密苏里州历史上最年轻的'雄鹰'徽章获得者。从那时起，他开始意识到，行动是最重要的，而这个准则，贯穿了他的一生。在整个学生时代，他积极参加几乎所有的校内活动，参加各类体育比赛，尽可能多地认识同学，不放过任何一个挣得一美元的机会。所以，从高中起，山姆就是自己去赚取所需的一切费用。”

“厉害、厉害！”云舟连声说。

“你看，美国的孩子从小就开始自力更生，自己养活自己，从小就开始锻炼自己的综合素质和商业才能，这好像和很多中国孩子饭来张口、衣来伸手的生活有很大不同。”我启发她，“那么，从山姆·沃尔顿的故事中，你能总结出什么吗？”

云舟拿起笔，在小黑板上写了起来：

1. 要从小学会挣钱。

2. 要多多行动。

3. 要学会节俭，珍惜每一分钱。

“你总结得非常棒！”我对她竖起了大拇指，“后面两条——贵在行动和保持节俭——是沃尔玛公司的核心价值观。正是这些准则造就了沃尔玛的商业传奇。”

做蓝盒子的乔布斯

接着，我打开《史蒂夫·乔布斯传》，对云舟说：“乔布斯和他的好友在车库创业的故事，你应该听说过吧？”云舟点点头说：

“这个地球人都知道啊！乔布斯与他的好朋友在自己家的车库里研发出了第一款苹果产品，伟大的苹果公司就是这样诞生的。”

“那么，你知道这位好朋友是谁吗？乔布斯与他的创业是如何开始的？”于是，我给云舟讲了这么一个故事：

高中四年级时，乔布斯认识了他一生的重要朋友史蒂夫·沃兹。沃兹是一个技术天才，后来成了乔布斯的创业伙伴。沃兹从一本过时期刊上得到灵感，制造了一个可以免费打长途电话的数字版蓝盒子。

当他们用这个神奇的蓝盒子搞了一系列恶作剧，例如冒充美国国务卿基辛格给梵蒂冈的教皇打电话后，乔布斯认为，蓝盒子不该再停留在业余爱好阶段，可以把它制作成产品，然后销售。

所有的零部件价值 40 美元，乔布斯决定以 150 美元的价格出售。乔布斯和沃兹敲响各个宿舍的门，向同学展示和推销他们的蓝盒子。结果，他们把做出来的 100 个蓝盒子卖光了。

这次恶作剧为他们日后更重大的创举铺平了道路。乔布斯后来回忆说：“没有蓝盒子，就不会有苹果公司，这一点我百分之百确定。沃兹和我学会了怎样合作，我们也获得了信心，相信自己可以解决技术问题并且真的把一些发明投入生产。”

沃兹也有同样的感触：“出售蓝盒子也许不是一个好主意，但这让我们看到，我的工程技术和他的远见卓识结合起来，可以做出怎样一番事业。”可以说，蓝盒子就是乔布斯与沃兹创业的美好开端。

讲完这个故事，我问云舟：“乔布斯在高中时就找到了他的合作伙伴，并展露了过人的商业才华，真是让人点赞。你可以从这个故事悟出点什么？”

如何用阅读指导孩子的创业实践

创业，最重要的是实践。只有拿出勇气，迈出第一步，才知道自己的商业计划有哪些问题；只有在实践中不断纠错，才能找到新的解决方案。对于孩子的“创业”，父母要鼓励他们勇于实践，在实践中给予他们支持。

一、鼓励孩子行动起来

当孩子有了一个 idea（想法）时，哪怕父母觉得很幼稚，也要支持他做出来试试看。如果父母自己有过创业经历，这自然是最妙不过的了，不管成败，您的创业故事都是对孩子最好的创业启蒙。

二、鼓励孩子“创业”时做自己喜欢的事

当孩子有了自己真正喜欢的事情，不再沉迷于玩游戏、刷微信时，一定是他找到了自己真正的兴趣所在，而在这之中，也一定隐藏着孩子的天赋。这个时候，父母一定要鼓励他、支持他，去做他喜欢的事情，这是把他的兴趣爱好和未来事业相结合的黄金机会。只有这样，才能激发孩子的创新力、学习力和奋斗精神，

才能为他打磨出人生的成功基石。因此，父母鼓励孩子在“创业”时做自己真正喜欢的感兴趣的事情，发挥自己的优势和特长，才能获得小小的成功。

三、接纳孩子有价值的失败

受中庸思想的影响，中国的家长喜欢教育子女做事要降低风险、谨慎低调，不要“出头”，而美国的家长则更喜欢鼓励孩子敢于冒险，勇于创新，不惧失败。冒险、创新的结果往往是失败的可能性很高，但这样的失败是有价值的，是孩子能从中真正有所收获的，无论是情商的提升，还是心智的成熟。所以，对于孩子的“创业”失败，父母要勇于接纳，甚至给予奖励。

四、与孩子一起讨论创业的具体方法和技巧

对于乔布斯高中时卖蓝盒子的故事，我和云舟一起总结出了三点：

1. 首先，蓝盒子这个产品很好，大家才愿意买。

所以，要有个好的产品，这很重要。

2. 乔布斯找到了沃兹，他们的组合可谓优势互补，强强联合。

由此看来，找到自己的合伙人，组建一个好的团队是成功的

一半，团队成员之间需要优势互补。

3. 乔布斯和沃兹向同学们成功展示和推销他们的蓝盒子，这点很棒，他们找到了一个好的销售方法和最合适的销售对象。

另外，我还补充了一点，如何获得自己的第一笔投资。云舟说，可以说服爸爸妈妈给我投资。我笑着说："这是一个方法，但不是最好的方法，可以学习山姆·沃尔顿的做法哟，用自己的双手挣得第一元钱！"

"现在，你应该明白如何开始自己创业的第一步了吧？"我笑着问云舟。"我有想法了，接下来，就看我的行动吧！"云舟看着小黑板上的那些思维导图，信心满满地说。

98 美元的故事

最后，云舟把她的这个创业故事写进了自己的小说《四月里的摇船调》里：

转眼，春天到了，到处一片草长莺飞、花红柳绿，空气里有一种醉人的花香。

前几天，莉莉在网上看到了一个联合国儿童基金会发起的救助贫困儿童捐款活动。莉莉非常想参与，她低头看了看自己的钱包，只有不到10美元。“哎，”她皱着眉头想，“远远不够呀。”莉莉接着继续查看网页，看看有没有别的办法。她又点开了一个公益网站。

莉莉看见了这样一条新闻——一个七岁的小女孩在圣诞节前为了给邻居家贫困的小女孩送礼物，卖自己做的饼干。莉莉看完后一下子有了灵感：“为什么我们不能也这样，卖自己做的东西呢？这样的话成本少，就能赚到足够的钱去捐款。”

莉莉马上打电话给自己的好朋友安妮、桑莫和珍妮弗，和她们简单说了说自己的想法。十分钟后，几个女孩在学校前的那棵大树下会面。“这真是一个好主意！”珍妮弗激动地跳了起来，“我们什么时候开始？”

“等等，必须要先列一个计划表！”桑莫用笔在一个厚厚的大本子上沙沙地写着。

“那我们打算卖什么东西呢？”安妮靠在树荫下说。

“我们可以试试卖柠檬水！春天到了，正是郊游的季节，酸酸甜甜的柠檬水一定很受欢迎！”莉莉说。

“好啊！”珍妮弗兴奋地喊起来，“我赞成！”

安妮问：“你有什么意见？我们的科学家桑莫。”

“我吗？”桑莫从她那厚厚的笔记本里抬起头来，“我刚刚做了一个预算。”说着，桑莫将她的大笔记本拿给大家看，向大家展示她刚才列的复杂算式。“如果我们坚持一个月不用零花钱，然后把它们加在一起，就足够我们的生意成本了！”

接下来的一个月，几个女孩开始实施她们的计划。她们要抵挡住美味的冰激凌、精彩的杂志和各种漂亮小饰品的诱惑，这确实很难很难，不过大家通过强大的意志力终于做到了。这短短的一个月对于女孩们来说就像一年一样漫长。

终于，一个月过去了，大家用积攒下来的经费去采购做柠檬水所需的原材料。大家在菜市场精心挑选柠檬，仔细地对比每一家店的质量与价格，与老板讨价还价，在超市选购白砂糖，在玻璃瓶商店选购精美的瓶子……每一个细节，女孩们都不放过。

珍妮弗还领了一个重要任务——制作海报。她的海报是耀眼的柠檬黄底色，并配以“让我们一起救助贫困儿童！”的蓝色醒目标语。经过三个小时的忙碌，珍妮弗对自己的成果很满意。

在一个风和日丽的周末下午，几个女孩带上制作好的柠檬水，来到一个美丽的郊野公园。她们选了一个游人如织的小广场，然后准备开始行动。珍妮弗负责招呼客人，安妮和莉莉售卖柠檬水，桑莫负责收钱，她的数学成绩最好，嘻嘻。

珍妮弗打开自己设计的海报，这立刻吸引了很多游人前来围观。莉莉觉得有点不好意思，而珍妮弗则拉着她的手，大声吆喝起来："大家快来尝尝清新爽口的柠檬水呀！美味无比呀。"

这清脆的声音传得好远，周围的人向这边张望。好些人拿出相机，给她们拍照，一些人则把几个女孩团团围住，问她们做此事的目的，而更多的人则掏出钱包，纷纷解囊。

几个女孩忙着回答大家的各种问题，收钱、结账、取柠檬水。由于是第一次做生意，大家有点儿手忙脚乱，应接不暇，不一会儿就都满头大汗。但是，每一个顾客都友善地微笑着，对她们竖起大拇指。莉莉她们成了小广场上一道最美丽的风景。

很快，几个小时过去了，莉莉和小伙伴们制作的柠檬水被抢购一空。夕阳的余晖将整片天空都染成了玫瑰色，公园里的人渐渐散了，四个小姑娘都已经筋疲力尽。莉莉认真数完了今天的账款，骄傲地宣布："一共是98美元！"几个女孩都开心地叫着，雀跃欢呼。珍妮弗则做着鬼脸："哇！以后咱们可以开公司了！"

晚上回到家，莉莉拧亮台灯，打开信纸，给他们要帮助的小朋友写了一封长长的信，她想把这98美元背后的故事都告诉他（她）。

第二天，莉莉和几个女孩把昨天的"战斗成果"——98美元带到了邮局，她们将它和莉莉的长信一起寄给了联合国儿童基金会。几天后，莉莉的电子邮箱里收到了联合国儿童基金会的回信，信上写道：“每天每时每刻，在世界的某处，或许就有一个儿童因您而获得帮助！深挚感谢！

四个星期后，莉莉收到了一封来自阿富汗的信，信中只有短短几行字：

亲爱的大姐姐们，

我叫洛雅，是一个七岁的阿富汗女孩，

我和妈妈都很感激你们的帮助。

欢迎你们来我们这里玩，

我想把我的娃娃送给你们。

莉莉开心极了，一下子抱起胖路易（宠物猫），带着它原地转了好几圈。莉莉望向窗外，在人潮人海中，仿佛那个阿富汗女孩正默默地含笑凝望着她，她也有一双清澈无比的眼睛。

善于阅读的人，更善于规划未来

山川的故事要从好些年前说起。那时，他十九岁，丰神俊朗，热爱音乐和美术、可乐和摇滚，在北京市某重点中学读高三，他的父母均为中科院某研究所的研究员。关于未来，他父母为他设计的是走科学家的道路：去国外读计算机专业本科、硕士、博士，然后回到国内进入高校等机构工作。但山川有自己的想法，他喜欢画画，对艺术很感兴趣，所以想选择创意设计类的专业。

他父母很反对他的想法："画画只能作为业余爱好，怎么能成为一辈子的职业呢？男孩子要学理工科，将来才有安身立命之本。"山川跟父母争论过，希望他们能理解他，但他的理科成绩很不错，不能构成放弃学理科的理由。最终，孝顺的山川遵从了父母的意愿，去了加拿大一所知名大学攻读计算机专业。

一年后，山川突然告诉父母，他决定放弃学了一年多的计算机专业，辍学回国，再考设计专业。山川的这个决定无疑令所有人震惊。

这件事具有很强的时代特征。在我们这一代，很多高三学生在填报志愿时都是听从父母的意愿，报考经济学、金融学、计算机等热门专业，目的是将来有一份稳定的工作和丰厚的收入。我们似乎很少去想，工作的真正意义是什么，自己选择的专业是否是自己所期望的未来，自己选择的未来是否是自己热爱的。

但00后这一代就不一样了。他们生活在开放、多元、国际化、互联网化的时代，在父母为他们积淀的物质基础上，他们从小就拥有了更国际化的视野、更广博的见识、更有创造性的想法。所以，父母替他们规划未来的做法未必能被他们接受。

教育部教育发展研究中心所做的一项针对初三和高三学生的调研显示，高三学生对高考志愿中专业的了解程度为“一小部分”和“全不了解”的比例为75.2%，初三学生中，只有11.4%的城市学生和7.1%的县镇学生认为自己可以从容就业。高考生对所选专业与学校的了解程度：非常了解，2.1%；完全不了解，10.0%；比较了解，26.8%；不太了解，35.5%；说不清楚，25.6 %。对于毕业后的发展前途，大学生感到迷茫、没有目标的有50%，41%目前没有考虑太多，而有明确目标且充满信心的只有8.3%。

这些数据表明，中国的大部分学生还没有职业规划的概念，更没有规划过自己的未来。所以，父母需要做的是，从小培养孩子规划职业未来的理念和能力，帮助孩子规划未来。

那么，何为职业规划？职业规划就是对职业生涯乃至人生进行持续而系统的计划的过程，是根据自己的职业倾向，确定最佳的职业奋斗目标，并为实现这一目标做出行之有效的安排。

马斯洛理论把人的需求分成生理需求（满足衣食住行）、安全需求（健康保护）、社交需求（找到自己的朋友圈子）、尊重需求（被社会承认、有社会地位）和自我实现需求（实现人生价值、实现人生梦想）五类由较低层次到较高层次的需求。

当社会和个人的物质财富积累到一定阶段后，工作便从满足人的衣食住行等生理需求，逐渐过渡到满足人的尊重需求、自我实现需求。家长需要看到这一大趋势，帮助孩子站得更高、看得更远，而不是只着眼于眼前的小利益，应该鼓励他遵从自己的内心，一生做自己热爱的事，这将决定他的人生幸福指数的高低。

来自乔布斯的启迪

接着说山川的故事。

第二天晚上，我和山川通了一个越洋电话。我至今还清晰地记得我们通话的内容："山川，能否跟我说说，你为何突然想要辍学呢？"

他答道："阿姨，这不是突然的决定，是我考虑很久之后，才下定决心的！我很清楚，这样做，必将冒着巨大的风险，而且，会伤我父母的心。"

"至于为何要辍学，您是知道的，当初，我的兴趣点就不在计算机上。我很喜欢设计，但是最后为了不伤父母的心，我妥协了。来到加拿大的这一年多里，我觉得自己一点儿都不快乐，因为所学的东西不是我喜欢的。我伤了自己的心。更严重的是，我一想到自己要一辈子以此为职业，就觉得前途没有希望。考虑很久，我觉得不能这样毁掉自己的一生。”

我觉得山川说的不无道理，就没有插话，继续听他说下去：“我也犹豫了很久，我知道，辍学后回国从头再来，是一条很艰险的路，能否成功不得而知。但真正让我下定决心的是，我在网上看到了乔布斯身患癌症后在斯坦福大学的演讲。乔布斯说：‘你的时间有限，所以不要按照别人的意愿去活，这是浪费时间。最主要的是，要有跟着自己感觉和直觉走的勇气。’这段话让我醍醐灌顶，幡然醒悟。”

“之后，我又看完了《史蒂夫·乔布斯传》。乔布斯用他的人生故事告诉我，你的人生只有一次，所以无论如何，都请遵循你内心的声音，按自己的意愿，按自己喜欢的方式度过这一生。我想，如果我早一点儿看到这本书，就不会走这么多弯路了！我要去做我热爱的事！”

听到这里，我被山川的这一番话深深震撼了，觉得找不出任何反驳他的理由。我问他：“那你做好辍学后的规划了吗？”他坚定地说：“我都想好了，回国后，我复习半年，再参加一次高考，考我喜欢的设计专业。我从前的学业底子很好，画画也不错，我有这个信心！”听到他沉稳有力的声音，我对他充满了信心：“既然你都想好了，就去做吧！”

《史蒂夫·乔布斯传》一书写了美国的商业领袖、苹果公司的缔造者史蒂夫·乔布斯的传奇人生。这本书详细记录了乔布斯是怎样一步一步创立苹果公司，怎样一点一滴打磨苹果的产品，让苹果产品能够改写历史，以及他为何中途出走，最后又重回苹果走上事业巅峰的故事。

在 2005 年斯坦福大学毕业典礼上，乔布斯讲了三个关于他自己的故事，最后一个故事是关于死亡。他说："17 岁时，我读到了一句话：'如果你把每一天都当成生命中的最后一天，那么有一天你会发现你是正确的。'这句话对我影响深远。在过去的 33 年里，我每天早上都会照镜子，自问：如果今天是此生最后一天，我要干些什么？"

"提醒自己快死了，是我在人生中做重大决定时所用过最重要的方法。因为几乎每件事——所有外界期望、所有名誉、所有对困窘或失败的恐惧——在面对死亡时，都消失了，只有最重要的东西才会留下。"

如何培养孩子的职业规划能力

现在，很多高校毕业生面临着"毕业即失业"的尴尬局面。有识之士指出，这是因为我们的中学和小学普遍缺乏职业规划教育。如果孩子们能从小接受职业规划的教育，具备职业规划的能力，对自己的兴趣和天赋有清醒的认识，对感兴趣的职业有深刻的认知，对未来之路有清晰的规划，那么当他们面临重要选择时，就不会茫然失措，就会提前开始做有效的准备。

那么，家长应该如何培养孩子的职业规划能力呢？

第一、帮孩子全面认识自我

在孩子小的时候，我们应该让他进行多方面的尝试和探索。音乐、美术、体育、科技、文学、外语等课外兴趣班，只要孩子感兴趣，我们就要鼓励孩子多多参加。这个过程，也是孩子发现自己的兴趣爱好，发掘自己天赋的过程。

家长需要在这个过程中仔细观察、耐心培养，而不是强迫孩子学他不感兴趣的东西。如果孩子在学习一段时间后，表示对所学内容完全不感兴趣，不想再学之时，那就说明，孩子对其既没有天赋也不感兴趣，我们应该及时叫停。

孩子在初中时就应该找到自己的天赋、特长所在，并根据自己的价值观、性格、人生目标，开始做进一步的规划。

第二、给孩子做好职业启蒙

英国的一项心理学研究报告显示，6~15 岁是孩子的职业启蒙黄金期。而职业启蒙这件事，被中国的绝大多数家长忽略了。在日本，启蒙教育是从幼儿教育开始的，贯穿整个教育体系，它能促使孩子从小思考自己将来有可能的发展方向；在美国，孩子从6岁开始就接受职业发展的指导，发现自己的兴趣、特长、能力，进行教育与职业关系的探索；在芬兰，孩子从小就要上“教育与职业辅导课”，学会观察和了解自己身边的各行各业，认识不同工作对知识和技能的要求，在6年级和9年级，每个学生必须参加“Me & My City”的深度职业启蒙活动。

跟中国的“比如世界”等娱乐性的项目不同，在“Me & My City”这个深度职业启蒙活动中，孩子们会经历跟真实职场中一模一样的应聘、上岗、申请贷款、研发产品、销售产品、管理公司等流程，也会经历公司的成功或是倒闭。这会让他们深刻认识到每一个职业和岗位的利弊以及它们和自己的匹配度，帮助他们在未来做出理性的判断。

在此我推荐两本好书，一本书是适合低幼宝宝看的绘本《长大干什么》。作者用生动有趣的绘画，告诉低幼宝宝每个职业的特点，最让人感动的是这本书的宣传语：“干什么都可以，但一定要快乐！”这本书传递的价值观是，无论多么平凡的工作都是伟大的，都可以从中找寻到快乐。

另一本书是适合6~15岁孩子阅读的《儿童职业启蒙百科——长大后我要做什么》。这本书中介绍了6大类共200多种职业的工作内容，很多职业非常新奇有趣，很有前瞻性。作者列举出从事这些职业需要哪些条件，需要具备哪些能力，孩子们可以试着从中找到自己感兴趣的职业。

第三、追求兴趣和事业相一致

原北大校长王恩哥曾在北大的开学典礼上对同学们说："人生要坚持两个一致，一是自己的兴趣和事业相一致，二是爱情和婚姻要一致。只有这样，才能拥有一个完美的人生。"这是一位有着丰富人生阅历的前辈说给孩子们的肺腑之言。只有坚守这两个一致，才能构建人生的幸福基石。

乔布斯说："不要让别人的意见淹没了你内在的心声，最重要的是拥有跟随内心与直觉的勇气。你的内心与直觉多少已经知道你真正想要成为什么样的人。任何其他事物都是次要的。"每个孩子都有权利选择自己的人生。优秀的父母，要帮助孩子去认知和体验，进而帮助孩子做出选择，而不是替孩子做出选择。

故事的后来

最终，山川的父母尊重了他的选择。山川回到国内，复读了一年，如愿以偿地考取了自己喜欢的设计专业。四年后，他成了一名设计师。

前几日，我受山川的邀请去他的工作室参观。当我到达时，他正大声地跟伙伴们讨论他们的新方案，空气中弥漫着咖啡的香气，墙上贴满了花花绿绿的工作卡片和他们团队的照片，桌上杂乱地摆放着设计图纸和产品打样。毫无疑问，这是他热爱的天地。

望着眼前的山川，我突然想起了十年前我们的那次通话。如果当初他遵从父母的意愿，按部就班地读完计算机专业，然后回国工作，那么，我今天所见到的山川大概会双眼呆滞，过着了无生趣、机械而麻木的生活，而不是眼前这个双眼放光、吃着泡面加班到深夜，有着热爱的事业和人生的山川。

山川是幸运的，虽然走过了些许弯路，但他最终找到了自己毕生热爱的事情。“没有人会永垂不朽，但找到自己热爱的事情，并为之持续努力，你总可以活得足够精彩。”所以，感谢乔布斯。

团队合作，
让孩子在“小社会”中如鱼得水

升入初中不久，云舟兴致勃勃地告诉我，快到中秋节了，自己这个新当选的组织委员决定在新班级里搞一场关于中秋的活动，以增进同学之间的了解，增强班级凝聚力。大家热情高涨，共有近 20 个同学报名参加筹备。班委决定，把报名的同学分成两个小组，各自拿出一个方案进行 PK（对决），最后得票多的小组胜出，组织中秋活动。

过了几天，云舟又告诉我，两个中秋筹备小组拿出的方案都很棒，一个是中秋诗词会，另一个是自己动手学做月饼，同学们都不知道选哪个好了！两个小组都纷纷在私下里拉票，搞得班上这几天火药味挺浓的。她问我该如何处理这些矛盾。

学校，就是一个小小的社会，一个小小的江湖，孩子们在其中历练、成长，开始认识自己的社会属性，开始学会如何进行团队合作，如何在团队中与人沟通、协作，一起获得集体的成功。每一个孩子的成长与发展都不是独立完成的，他们必须在与同伴的交往互动中完成社会化，成长为一个“社会人”，这对孩子的成长意义重大。

“Teamwork”（团队合作）是个人能力中的重要一环，各大企业也是把“是否具有团队合作能力”，作为招聘新员工的重要考核指标。由此可见，团队合作能力是社会的要求，是孩子在未来立足职场不可或缺的重要素质。在美国，学校非常注重培养学生的团队合作能力，包括对学生的独立思考、自信、社会适应性等个人素质的提升，也包括与人沟通、换位思考、双赢思维、倾听等能力的培养。

在未来，一个人是否具有团队合作的精神和能力，比他所掌握的知识和技能更重要，这也是未来的人类区别于人工智能的重要竞争力。懂得如何与人合作，才能在职场中取得成功，才能在事业中不断完善自己、提升自己，才能不被人工智能替代。

所以，对于孩子来说，具备良好的团队合作能力是成长的必备技能。那么，家长应该怎么做，才能培养孩子的团队合作精神，帮助孩子成为团队里受欢迎的人呢？

杰出青少年的 7 个习惯

我对云舟说，还记得你小时候读过的一本书《快乐儿童的 7 个习惯》吗？云舟答道：“当然记得啦！尖尖、萨米、跳跳等几个小伙伴的故事有趣好玩，让我记忆犹新，那棵 7 个习惯的成长大树更是深深地刻在了我的脑子里。我知道，团队合作的时候需要双赢，但是具体怎么做，才能双赢呢？”

我从书架上拿下了那本《杰出青少年的7个习惯》，对她说：“现在你可以读读这本书了，它或许能帮你解出这道难题！”

《杰出青少年的7个习惯》是《快乐儿童的7个习惯》的进阶版，它用贴近青少年生活场景的故事、轻松幽默的文笔、生动有趣的漫画，更加详细地为成长中的少年讲解了何为7个黄金习惯，用什么方法才能养成这7个习惯。年少的时光如白驹过隙，孩子们可以在叛逆中虚度光阴，也可以在习惯养成中成就未来。

作者肖恩·柯维告诉孩子，要想取得公众领域的成功，必须避免两个恶魔缠身，其中一个便是“竞争”。举一个例子，在影片《星球大战》中，天行者卢克得知有一种被称为“力”的东西，是所有生命的源泉，后来卢克在与邪恶的黑武士作战时，又得知这种“力”有阴暗面，且有非常强大的力量。竞争也是如此，有光明的一面，也有阴暗的一面。当你同自身竞争，或是竞争能让你最大限度地发挥自身的潜能，这就是善的竞争；当你将自己的自尊与获胜联系在一起，或当你利用竞争使别人屈服时，竞争就变成了恶的竞争。

读到这里，我问云舟：“你觉得你们中秋筹备小组的PK是好的，还是不好的？”云舟陷入了思考。过了几秒钟，她告诉我，本来这场PK是好的，可现在似乎正朝着不好的方向转化。我建议道：“其实你可以把两个小组的方案择其长处，合二为一：自己动手做月饼，花费的时间较长，可以在同学群里发视频，让同学们在家学做月饼。当天活动的时候，前半部分为诗词大会，后半部分同学们交换品尝自己在家做的月饼，这样岂不两全其美？”

每个人都能得到自己想要的，这就是双赢。“如果你能学会双赢的原则和方法，那么，你一定会成为团队里最受欢迎的人。”我告诉她。

培养团队合作能力的方法

方法一：让孩子学习团队合作的三个黄金原则

第一个黄金原则：双赢思维，让每个人都有收获

双赢，是 7 个习惯的重要组成部分，是三个黄金原则中最重要的原则。我们需要告诉孩子，真实的世界里的确充满了竞争、充满了比赛，会有输赢，但是除了你争我夺之外，还有另外一条更好的出路，那就是“双赢”。

双赢意味着“人人都是胜利者，人人都有收获”，它是一种既宽容又坚强的想法。在合作中，我们不仅要考虑自己的收获、自己的利益，还要考虑合作伙伴的想法和利益。我们在设计合作模式和合作规则时，需要把对方的利益也设计进去。合作应该像是一顿各取所需的自助餐，每人都能取到自己喜欢的食物。

我们需要告诉孩子，只有做到双赢，才会有人不断地想与你合作。自私的人，只考虑自己利益的人，永远不可能有真正的朋

友，更不可能得到别人的帮助。只有学会双赢，你的身边才会有一群情深义重的小伙伴，当你遇到难题时，才能够得到他们全力以赴的帮助。

第二个黄金原则：学会倾听，先倾听再开口

这个原则背后的深意是学会先理解别人，然后再争取让别人理解我们。在学校里，老师教学生各类知识，但很少会有老师教学生如何倾听别人。倾听是一种非常重要的沟通技巧，因为人类内心深处最大的渴望是被人理解。人人都想被人理解，倾听就是理解别人的前提。

所以，我们需要告诉孩子，倾听不是在浪费时间，而是在表达我们自己对对方的关心和理解。倾听光用耳朵还不够，还需要通过肢体语言、声音反应等来实现，更需要我们站在对方的角度，去试图理解对方。

如果孩子在年幼的时候，就学会如何耐心地倾听别人，那么他们将受益终身。

第三个黄金原则：协作增效

我们可以告诉孩子，每个人的力量都是有效的，哪怕你再有才干，如果你和具有不同才能的人组成团队，扬长避短、齐心协力，就能干成一件只依靠你的个人力量无法完成的大事情。

如何与他人合作确实是每个孩子都需要学习的技巧：第一，明确问题所在，制定目标；第二，了解别人的想法；第三，讲出自己的想法；第四，集体自由讨论后，找到最佳解决方案。

人类与貌似无所不能的 AI（人工智能）最本质的区别在于，人类会沟通与协作，会倾听与双赢，会集合团队的力量去完成事情，而不是单打独斗。所以，我们如果能让孩子从小就学习这三个与人相处的黄金原则，无疑就是在培养他面向未来的基本素质。

方法二：鼓励孩子多多参加团队活动，尤其是体育活动

最终，这些原则也好方法也好，要通过具体的实践活动，才能转化为孩子们的实际行动，才能融进他们的血液里，成为他们做人做事的黄金准则。

一位移民美国的同学告诉我，很多美国中产阶级家庭的孩子都是在球场上度过自己的寒暑假，她的女儿从小就一直参加学校的棒球队，每逢假期，每个下午都在球场上训练 2～3 个小时，顶着烈日，挥汗如雨，每球必争，竭尽全力。家长们都认为，这样的做法，磨炼的不仅是孩子的体能，更是孩子的意志与品质，打磨的是孩子的团队协作能力，培养的是孩子完整的人格和对生活的热爱。

家长要多多创造机会，鼓励孩子参加各种团队活动。无论是体育类的、文艺类的还是科技类的团队活动、比赛和夏令营等，都是锻炼孩子团队合作能力的绝好机会，并且我们要做到在过程中不插手孩子们的事情，让他们有问题、有矛盾、有困难时自己学习沟通解决，这种能力将成为他们成长途中收获的一笔巨大财富。

方法三：教孩子学会接纳、包容与欣赏

首先我们要告诉孩子，世间没有一个完美的人，每个人都有自己的优点和缺点。我们要学会欣赏别人的优点，包容别人的不足之处。只有这样，才能在心里接纳别人，才能交到更多的朋友，才能在团队里团结最大多数的人。家长需要鼓励孩子多和不同性格的孩子接触，认识更多不同类型的朋友，不要只和自己喜欢的朋友玩，要学会和更多的人友好相处。

要让孩子多多发现别人身上的闪光之处，发现值得自己学习的地方，不拿自己的优点和别人的缺点比较，并对他人给予足够的尊重。最重要的是，父母要以同样的态度去对待他人，接纳他人，这是对孩子最好的言传身教。

让孩子从小养成善于接纳别人、宽容他人的品德，对他的成长有着重要的意义。

总结一下，在《杰出青少年的 7 个习惯》中，作者讲述了团队合作的三个黄金原则——双赢思维、学会倾听、协作增效。孩子们需要在实践中，在团队活动、体育活动中学会运用这三个原则，学会接纳、包容与欣赏他人。

春秋时期著名的军事家孙子曰：“能用众力，则无敌于天下矣；能用众智，则无畏于圣人矣。”希望孩子学会用“众力”和“众智”去开创属于他们的未来。

第五章

阅读给予孩子不同的人生视野

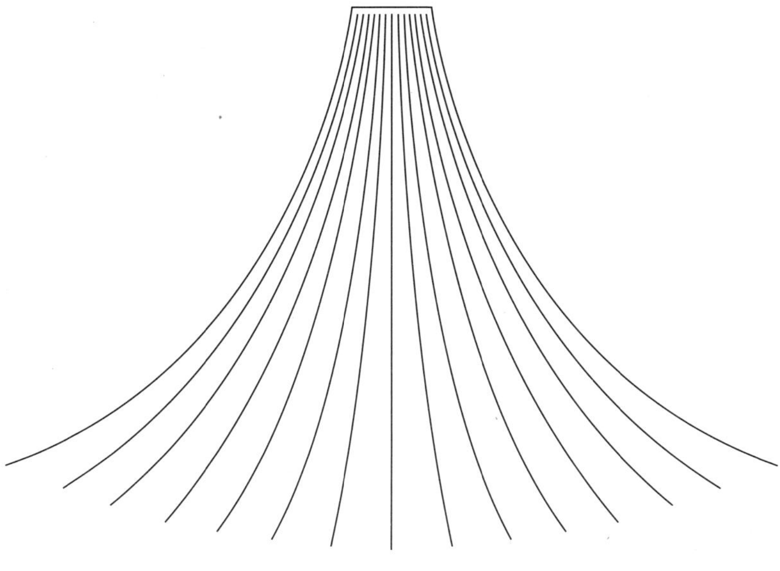

读新闻、写新闻，让孩子在了解社会中变得更优秀

云舟除了喜欢看书，还喜欢听我讲故事，讲那些年我做记者时的所见所闻：

2006 年，胡锦涛主席到访美国西雅图。那是中国国家主席第一次莅临微软总部，并与比尔·盖茨先生共进晚餐。我作为微软公司特邀记者前往报道，记得我见到的比尔·盖茨先生穿着格子衬衫、牛仔裤，谦和的笑容中还有几分腼腆，完全不是我想象中的世界首富的模样。

当年联想集团收购 IBM（国际商业机器公司）全球 PC（个人电脑）部门，我被报社派去专访柳传志先生。作为二十几岁年轻记者的我不免面露紧张。柳传志先生坐在我面前，娓娓道来，温和亲切，谈笑风生，让人如沐春风，终生难忘。

2004 年，俄罗斯总统大选时，我和另一位记者赶赴俄罗斯专访曾经的苏联总理雷日科夫。当我们问道“您这一生最难忘的事情是什么”时，这位头发花白的 75 岁老人潸然泪下。“我最难忘的是苏联在我的面前轰然倒下，这是我这些年来最大的痛苦……”

这些新闻故事不断地告诉孩子，我们生活的世界不尽是文学作品里描述的那个模样，它的真实面目是有纷争、有战乱、有硝烟，有繁荣、有衰落、有凋敝，新的事件每时每刻都在发生，影响着人类的生存发展、生产和生活。这就是新闻。

之所以为云舟讲新闻，除了与她分享我自己难忘的职业经历之外，更重要的是我希望从小培养她的新闻素养。读新闻是美国中小学的必修课之一。在中国的一些知名中学，例如北京四中，也设有专门的新闻课。在新的部编版八年级语文教材中，第一单元的内容是新闻阅读、新闻采访与新闻写作。

读新闻、做新闻能以跨学科的方式，培养孩子们的阅读、写作、提问、沟通、团队合作等综合能力，更是他们了解社会、认知社会的有效方式，有助于培养他们的独立思考能力、社会责任感和批判性思维。

听新闻、读新闻、议新闻

听了那么多新闻故事后，云舟对新闻产生了浓厚的兴趣。于是，我打算为她精心挑选一些新闻媒体。随着近年来媒体的日益视听化，我发现，听新闻是一种很好的方式，能够利用一些碎片化时间快速了解国内国际大事。

一番甄选后，我为云舟选了这样几个微信公众号：《人民日报》的“新闻早班车”用 5 分钟简洁明了地讲述国内和国际新闻，从选听这个微信公众号以后，云舟每天早晨都开始边吃早餐边听新闻，这渐渐地成了她的习惯。短短的 5 分钟，让她开始学会“风声雨声读书声，声声入耳；家事国事天下事，事事关心”。另外，《中国青年报》每日筛选出和年轻人相关的新闻，更符合 00 后的口味；《中国少年报》用浅显的语言、有趣的漫画等形式把国际国内大事讲给孩子们听。这些都是孩子们喜欢看的新闻。

在这个自媒体盛行的时代，很多传统的新闻媒体如夕阳西下、迅速没落，这其实是让人扼腕叹息的事情，因为读者需要看到的应该是最接近新闻事实的报道，需要听到的是最理性公正的声音，需要得到的是有良知的严肃媒体最负责任的报道，而不是某些自媒体以管窥天、盲人摸象或者哗众取宠。因此，让孩子读一些严肃可信的新闻报道、深度报道，能够帮助他们了解这个世界的真相，帮助他们树立正确的价值观、人生观、世界观。

遇到一些跟青年人相关的热点新闻，我和云舟常常展开讨论。例如，听到“中国南方农村由于青年人大量外出打工，家乡留下的都是留守儿童和空巢老人，引发大量社会问题”的相关新闻报道，我便问云舟：“你觉得，这些年轻人外出打工的做法对吗？”

云舟说：“他们外出打工挣钱，实现自己的梦想，没有什么不对啊？”

我提出：“可是，他们把自己的孩子和父母都留在了家乡，孩子得不到父母的关爱和指导，成长出现了很多问题。父母生老病死，没有子女的照顾。而且，很多农村由于没有青年劳动力，大片农田荒芜。这些社会现实问题又该怎么解决呢？”

云舟很认真地想了想：“这个我不知道，可这些年轻人并没有错啊，他们要是回到农村，就没有办法挣钱了。”

“也有道理，那么，看来问题的关键是要把农村变成能挣钱的地方，大家才愿意回来，对吗？”云舟肯定地点点头。

“那么，如何把农村变成能挣钱能致富的地方呢？这个艰巨的工作又该由谁来做呢？”我也陷入了思考。

后来，看到新华社关于“耶鲁哥”秦玥飞的报道，我非常震撼，也把这个报道推荐给云舟读。“你看，这位耶鲁哥真了不起，他放弃了所谓的成功之路，来到农村，脚踏实地地带领村民创富！中国的农村太需要这样的年轻人了！”

云舟读完此报道后，表示：“我觉得，耶鲁哥创办了‘黑土麦田’公益组织，号召和吸引更多名校毕业生来到农村，建设农村，这件事更了不起！”

“是啊。”我接着分析，“如果在这些年轻人的带领下，农村开始成为可以赚钱的地方，就会吸引更多外出者返乡，之前咱们讨论过的留守儿童和空巢老人的问题就会得到改善了！”

诸如这样的时事新闻讨论，不断加深着云舟对于社会的理解，对于现实问题的思考，也在潜移默化中锻炼着她的批判性思维和分析表达能力。

自己办报

五年级上学期，云舟作为班级宣传委员，提出了创办一份班级报纸的想法，并且这份报纸不是他们常做的手抄报，而是一份真正的报纸——每月印刷出版，有定价，面向全年级同学发行。

云舟来寻求我的智力支持。“这可是个专业度很高的事情！你需要系统地学习一下！”我告诉她。为了教给孩子最基本的新闻知识，我决定给她上几节新闻入门培训课，课程大纲如下：

第一课：报社的分工和工作流程（以我之前供职的报社为例）。

报社里分为编辑部和制作部两大部门（画了一张大图）。编辑部里有主编、编辑、记者几个岗位，他们各自的职责是：

主编——确定选题和报道方向，审核报纸大样

编辑——指导记者工作、编辑版面

记者——采集新闻和写作新闻

制作部门有美编、排版、校对几个岗位：

美编——版面的美术设计

校对——版面所有文字的核对与校正

排版——版面统筹和排版

工作流程是：

主编确定报道方向——记者申报选题——主编确定选题——记者采写新闻——编辑修改稿件——美编设计——校对版面——排版——主编审核——印刷——发行

望着这张大图，云舟感叹道：“哇，一张报纸的出炉有这么复杂的流程！”

“是啊，办报纸是一个团队分工合作的成果，需要每个岗位之间良好的配合与协调。当然，你们可以对流程做适当的简化。”

第二课：如何当记者？

记者的主要任务是采写新闻，那么，从哪里获取新闻很关键。我们那时称为“跑新闻”，顾名思义，好的新闻一定是记者“跑”出来的，是要到事件的中心，通过采访获得最直接的信息。只有这样，才能保障新闻的真实性和新闻的生动性。

举例来说：2004 年，我和报社的首席评论员被派往俄罗斯采访总统大选。在选举日那天，我们跑了好多个选举站，跑了俄罗斯中央选举委员会，跑了俄罗斯科学院；我们和白发苍苍的苏联老党员交谈，我们和出租车司机交谈，我们和各选举站的普通选民交谈，我们和中央委员会新闻处处长交谈，我们和前来报道的各国同行交谈，我们和观察员、评论员交谈……我们了解到各个阶层对于本次大选的不同态度、观点；最终我们获得了关于本次大选的第一手翔实的资料，完成了长篇报道《选举日：漫长的一天》。

那么，如何写一篇好新闻？《〈华尔街日报〉是如何讲故事的》一书告诉我们，一篇好新闻就是一个好故事，没有人喜欢听那些枯燥无味的东西，没有人喜欢只听专家评论。所以，需要学习如何把新闻写成一个人人爱读的故事。

听完这节课，云舟说："看来当一个好记者，首先需要行动起来，还需要与形形色色的人沟通交流，需要学习如何写好一个新闻故事，这真是不简单啊！"

第三课：如何当编辑？

编辑的主要职责是修改稿件、编辑版面。修改稿件的原则是让稿子文从句顺，删除多余的话，但注意要保持记者的语言风格，并给稿子起一个画龙点睛的好标题。编辑版面是确定每篇稿子在报纸的位置，并配以合适的图片等元素。

这里面有很多具体的技巧，需要边干边学。

听完这三节课，云舟说：“老妈，看来办报纸真不容易啊！那么，接下来我该怎么做呢？”

“我的建议是，首先，你需要成立一个编辑部，这里要有主编、编辑、记者，然后你们团队制订计划，按照我讲的内容一步步地操作，有问题尽量自己想办法解决！不明白的咱们再一起讨论！”

接下来，云舟招兵买马，组建团队，和小伙伴们一起采访写稿，编辑排版印刷。忙了近一个月后，他们自办的第一份报纸《星欣新闻》终于面世了！报纸上，既有同学们自己采访自己写作的班级新闻、校园新闻，还有加以编辑和评论的社会新闻，稚嫩中透着成熟，活泼中透着严肃，真让人为之欣喜！

云舟这样总结道：

这个学期，我和几个同学主办了我们班的首张班报《星欣新闻》。这对于我是一个巨大的挑战。凡事只怕有心人，我们不断学习与总结，在老师和家长的帮助下，已经成功地办完了三期报纸！我与大家分享一下我的心得：

1. 要建立一个优秀的团队。我们征集了几位积极分子，组成了编辑部，有了明确的分工，各司其职，在遇到一个个问题时不断沟通，达成一致。这是我们合作的基石。

2. 要不断学习。办报纸是一件专业度很高的事情。还好，我有主编妈妈的指导，我向她取经，从征稿、组稿、编辑、排版、设计、印刷，各个环节都有很多技巧。我一个个地学习与突破，这期间乐趣无限。

3. 要学会让步与谦虚。我们编辑部的女孩个个都是小才女，意见不统一是常见的事，这时我作为主编就要学会协调她们的意见，学会让步，并且，一些时候我会把更好的机会让给别人，例如，报纸的头条一定不放我的稿子，这样才能赢来更多的尊重。

在办报的过程中，我学到很多，收获很多。

在新闻实践中得到提升

子轩（化名）是我一个同事的儿子，他才华出众，前不久被一所美国常春藤大学录取。同事们纷纷向子轩的妈妈取经，请她介绍成功的育儿经验。

子轩妈妈介绍说："从小我没有给他报太多的课外补习班，而是在他上初中时让他报考了一个很好的锻炼平台——北京中学生通讯社（学通社）。"成立30年来，这家由充满青春与热血的中学生组成的通讯社，"走前人没有走过的路，看前人没有看过的图景"，采访和报道了中国一个个值得纪念的历史时刻，培养了一批批杰出人才。

子轩加入学通社后，和小伙们采访了很多大型活动，报道了很多重大社会新闻，学习如同职业记者一般工作，极大地提升了团队合作能力、组织协调能力和领导力。而这些能力和做记者的经历，恰好是美国大学最看重的。

《哈佛商业评论》曾撰文表示：在不远的未来，人工智能可能会逐渐取代我们下一代的工作岗位，只有那些感同身受的社交技能才是人之所以为人的有力支撑。

社交技能包括与他人互动、评判他人，对他人产生影响力。我们做父母的如果能主动培养孩子的这些社交技能，他在未来就有可能成为一个出类拔萃的管理者或者倾听者，即使有再先进的人工智能，也永远不会被淘汰。

而让孩子从小学习读新闻、做新闻，无疑是培养他们的社交技能的一个有效途径和方式。

爱读书的孩子，同样爱上了地球

北京中加华仁学校五年级的学生 Tony（赵承骞）是微信公众号“动物公寓”的创办人兼主编。他是一个活泼机灵的小伙子，眼神闪亮，举手投足间透着一股淘气劲儿，可一说起他的动物们，他立刻变得神情严肃、滔滔不绝。

“动物公寓”2017 年 2 月 6 日创办，截至 2018 年 5 月共发文 273 篇。打开“动物公寓”，仿佛走进了一个动物园，有关各种野生动物、哺乳动物、爬行动物的文章和图片扑面而来，生动有趣的文字、栩栩如生的照片，让人大开眼界，于是不禁感叹，原来我们居住的这个地球上有这么多陌生而又可爱的动物，它们是值得人类珍惜的好朋友，它们的境遇却让人忧心忡忡。

我们来看看其中一篇原创作品：

祝虎鲸提里库姆一路走好 ☹

有谁知道“虎鲸杀人事件”吗？这听上去很可怕，因为虎鲸这种动物，的确有个让人听了毛骨悚然的称号，那就是

"杀人鲸"，但这个称号是错误的，毕竟虎鲸是种温驯的生物，不会主动袭击人。但是这件事发生之后，"杀人鲸"的称号也许就变为了现实，一起往下看看吧！

这只小小的虎鲸，就是这起事件的"杀人鲸"了！它的名字叫提里库姆。那天，阳光明媚，万里无云，刚满两岁的它和母亲一起在海洋里畅游。

突然，有一群人乘着船来捕捉虎鲸，准备将它们卖到水族馆。由于成年虎鲸力量过于强大，所以他们把视线放在了最小的虎鲸身上，也就是提里库姆!!! 不久，人们成功地捕捞到了提里库姆，虎鲸妈妈却围绕着船，迟迟不肯离开，仿佛在哀求人们放了它的孩子。但人们还是不顾虎鲸妈妈的乞求，离开了。

多年后，提里库姆被卖给了美国佛罗里达州的奥兰多海洋世界。在"海洋世界"里，提里库姆所在的水池还不及它在自然界中一天活动范围的万分之一（相当于一个人被囚禁在浴缸里）。

一天，一名驯兽师正在和提里库姆配合表演节目的时候，突然，本来可爱又天真的提里库姆竟然将驯兽师拖入了水中，将其溺死，然后撕成了碎片。

而有一天晚上，一个喝醉酒的男人走进了已经打烊的奥兰多海洋世界，第二天被发现已经死去。这个男人确认是被他杀，凶手正是提里库姆。连续两次杀人的提里库姆被放进了一个比之前更小一点儿的水池，但依然被要求继续表演。

有一天，又有一名驯兽师与它（提里库姆）配合表演节目，提里库姆又一次将驯兽师拖入水中，然后将其拦腰咬断！但是，奥兰多海洋世界却对此事放任不管，不论是伤人的提里库姆还是被残忍杀死的员工，他们都抛在脑后，只想挣更多的钱！！

后来，提里库姆死了，一切都结束了。人们最后将死去的虎鲸提里库姆埋在了当时捕捉它的岸边。就这样，提里库姆的故事结束了。人类将它从亲人那里夺走，它的杀人也许只是一种无言的复仇。请安息，提里库姆！

Tony 说自己是一名彻头彻尾的动物保护主义者。“动物是人类的朋友，动物如同孟子所说‘人之初，性本善’，动物一开始也是本性善良的，不会袭击人类。但是人类却常常滥用权力，对动物赶尽杀绝，我对此深恶痛绝！在这个公众号里，我想呼吁，不要滥杀无辜的动物，要善待动物！我们不能在这个地球上为所欲为，每个生命都有其存在的尊严，我们要敬畏每一个生命！”

热爱的源头

Tony 如此热爱动物，溯其源头，他妈妈回忆说，在他不到一岁的时候，自己和他一起看宫西达也的《霸王龙》系列绘本。一岁后，Tony 就自己拿着《霸王龙》反反复复地看，并会背其中的很多故事。从那时开始，Tony 就迷上了恐龙。Tony 则认为，三岁时看纪录片《海洋》，看到海洋是那么美丽，而人类却大肆屠杀海洋动物，所以海洋动物开始报复人类，自己感到非常震撼。从那天开始，他才真正进入动物世界。

Tony 一岁后开始玩 iPad 上关于恐龙的知识游戏，并由此很早学会了识字，很小就掌握了自己搜索所需信息的能力。在学习初期，妈妈带他去书店帮他选书，后来他便自己选书。他最爱看的是各类百科全书，其中《DK 儿童科学百科全书》是他的最爱，如今也成了他查资料的来源。

给 Tony 的童年带来深刻影响的还有《西顿动物故事》。这是一本短篇动物小说集，讲的是人和动物之间发生的真实故事，是从人性的角度去平等看待动物和人的关系。西顿是一位“动物作家”，他认为野生动物和人一样，是有爱有恨的生灵。它们凭着强烈的本能与自然、与人类抗争，一生充满生命的尊严，却总是以悲剧告终。它们扣人心弦的故事不仅向我们展现了一个充满爱恨情仇的动物世界，也让孩子们获得了不少关于大自然的，尤其是关于动物的丰富知识。

Tony 说，最近他看完了一套大书《缤纷的生命》和《生命的未来》，特别想向同学们推荐。这套书的作者是“当代达尔文”、生物学界的“老大”爱德华·威尔逊。《缤纷的生命》用优美的语言和严肃的科学态度讲述了地球生命的演化史。在作者笔下，地球是一个充满生机的古老星球，而那些美丽的生物就在几十亿年的绵长时光里，一点一滴地进化。从最早的真核生物到人类出现，从恐龙灭绝到喀拉喀托岛火山爆发，一场跌宕起伏的生命历史不断上演。《缤纷的生命》可以算是美国几十年来最重要的一部环保著作，威尔逊在这本书中第一次提出了“生物多样性”的概念。他用丰富而翔实的案例证明了人类无法孤独地行走于天地之间，必须与万物共同生存。

而在《生命的未来》中，作者用无比深情的语言讲述了在全球各角落上演的物种灭绝故事，而人类正径直奔向一个孤独的时代。这些无不说明正是人类的贪欲、无知与不经意，迫使全球生物走上毁灭之路。

Tony 说他的读后感是：人类必须与万物共同生存，作者用最深情的语言来呼吁人类保护环境，保护这些生机勃勃而又无比脆弱的植物和动物。我们这一代人需要学会如何与动物、与自然和平相处，可持续地利用自然资源。我们需要在少年时代就建立正确的环境观念，从小学习做一个合格的地球公民。

如何培养孩子的地球公民意识

一、告诉孩子关于地球的真相

我们可以抓住适当的机会，告诉孩子关于地球的真相：黄河岸边，我们告诉孩子，作为中华民族的母亲河，黄河在远古时代是一条清冽的大河，她之所以变成今天的黄色，是因为人类滥伐森林的结果；当我们在浓重的雾霾天里戴着口罩前行的时候，可以告诉孩子，雾霾的成因是什么；当电视上出现沟壑纵横的黄土高原时，告诉孩子，在古代那里曾是高森林覆盖率的葱绿之地，孕育了古老的华夏文明……让我们和孩子一起反思，人类的哪些行为对地球母亲带来了毁灭性的伤害。

二、和孩子一起，从身边的每一件小事做起

“不积跬步，无以至千里；不积小流，无以成江海。”让我们和孩子一起发现和总结出自己每天生活中的不够完善之处，并付诸行动，加以改进。例如：节约用水，循环用水；多种花草树木；不使用一次性制品，包括筷子、杯子、塑料袋等；不随便丢垃圾，学会垃圾分类；不浪费纸张；多乘坐公共交通工具，少开私家车……家长该身体力行。

三、鼓励孩子做一份有关“爱护地球”的调研报告

中高年级的同学可以利用课余时间，发现生活中随处可见的环境问题，提出可行的解决方法，做出一份调研报告，这也是提升孩子提出问题、分析问题、解决问题能力的好机会。

北京中学高一年级学生余佳玥，是一个喜欢养蚯蚓的女孩，

一个为环保梦想不断努力的中学生。当她看到小区里一车车的垃圾被搬运清理时，她便开始思考这些垃圾的最终命运。她想，有没有一种简单环保的方法处理这部分比例最高的厨余垃圾呢？生物课上学过的蚯蚓跳进了她的脑海，余佳玥便决定开始做蚯蚓分解生厨余垃圾的实验研究。她在学校成立社团“秋研社”，拉了一帮志同道合的同学和她一起做实验。历时半年多，一份详尽的蚯蚓分解生厨余垃圾的报告终于诞生。2017 年，余佳玥的报告《爱吃垃圾的蚯蚓》被评选为“2017 联合国中国青少年环境论坛优秀作品”。这份报告还得到了联合国环境署官网的关注，他们将这份报告放在官网首页的推荐栏目中。之后，余佳玥和她的团队在假期里忙得不亦乐乎，他们在社区、学校、电视台搞推广，做宣传，向各方人士宣传绿色环保理念。

建设“动物公寓”

Tony 告诉我：“在我家附近有一条河，河上有个小岛，几乎没人去过。一天，我和朋友找到一艘小船，来到了岛上，发现那里枝繁叶茂，各种花美得超乎想象，我想，在那里养一些动物也是蛮不错的！因为我看到动物园里的大象除了吃饭睡觉，就是在狭小的空间里转来转去，挺可怜的。本来动物的世界应该是大鱼吃小鱼，小鱼吃虾米，有自己的生态链，动物园把它们的生存规则打破了，把它们分开了，这是很不道德的行为。”

“所以，我想，对动物实行放养，才是科学的。我开始想做一个动物别墅，又觉得有点儿太夸张了，还是弄一个动物公寓比较好。我立志，等我以后赚钱了，一定要把这个无人小岛开发成一个动物公寓。”

为了先给动物们找一个“栖身之地”，2017 年寒假，Tony 一口气写完了十几篇有关动物的稿子，并向妈妈学习掌握了微信公众号的后台编辑规则，开始了正式推送，“动物公寓”就这样诞生了。近两年来，他一直坚持每周发布两篇原创稿件。

“我首先想给读者传达的是，这个世界看起来像一只虫子那么渺小。在很多你不知道的地方，还有很多不为人知的野生动物。也许你仔细观察，在你家的后院里都能发现一些从未见过的动物。在自然界里，动物，尤其是奇怪的动物，多得超乎你的想象。

“另外，我还想让人们知道，鹿茸、熊胆、鳄鱼皮……这些用动物做成的补品、装饰品是我们绝对要杜绝的，这太不环保了。动物在动物园里被关押成为阶下囚已经够悲惨，若是再成为人们的‘材料’，更是惨无人道。我希望向人们传递动物的知识，让大家一起保护动物。

“我知道，自己办这个微信公众号，虽然不能改变所有想要伤害动物的人，不能杜绝所有伤害，但是如果我至少能让一百个或两百个读者的心灵发生改变，让他们认识到很多动物是世界上绝无仅有的，而且终有一天会灭绝，我的目的就达到了！”

“现在的盗猎者太坏了！”Tony挥了挥拳头，眼中带着怒火，“世界过于庞大，我们过于渺小，世界如此残酷，我却无法挽回，但是只要我们齐心协力，相信总有一天，整个世界都会变得生机勃勃，所以，加油吧！只有我们的双手，才能拯救今天的海洋和天空，只有我们的希望，才能造就明天的世界！”

就像美国纪录片《地球公民》中所说：“这个地球上有三种生命力：自然、动物和人类。我们都是地球公民。愿我们彼此相通，彼此关爱。”

读过哲学的孩子，更懂得生命的真谛

我是谁？

我从哪里来？

我将到哪里去？

这是大部分孩子在童年时都会向父母提的问题。云舟在童年时也曾望着悠悠白云向我提过相同的问题。我一下子愣住了，这是一个多么宏大的哲学命题，千百年来都无解。我突然意识到，孩子们对这个世界和人生的探寻弥足珍贵，他们的提问和思考纯真而又闪耀着智慧的光芒，足以让我们这些在尘世中庸庸碌碌的大人汗颜。

著名哲学家周国平认为：“在一定的意义上，孩子都是自发的哲学家，活跃在他们小脑瓜里的许多问题是真正哲学性质的。”

没错，在强大的升学压力下，很多父母都认为只有跟学习和考分有关的东西才是有用的东西，而跟学习和考分无关的东西都不值得关注，不值得占用孩子的时间和精力。

“可是，如果你希望孩子成为一个真正优秀的人，那么，哲学恰恰是最有用的。”周国平先生这样告诉我们，“人类历史上的一切优秀者，不管是哪一个领域的，必是对世界和人生有自己广阔的思考和独特的理解的人。一个人只有小聪明而没有大智慧，却做成了大事业，这样的例子古今中外都不曾有过呢。”

所以，我们每一个家长都没有权利扼杀孩子的哲学兴趣，我们要做的是俯下身来，认真倾听孩子的每一个有哲学意义的问题，然后饶有兴趣地和他们一起学习、思考和讨论。童年和少年时代，是对他们进行哲学启蒙的最佳时期。

生与死

读了《红楼梦》中“黛玉葬花”的情节，云舟问“生命的意义是什么呢”；读了《战马》，云舟问“为什么人类会发明战争”；读了《苏东坡传》，云舟问“幸福的定义是什么”。我发现，要给孩子回答这些问题真是一件特别难的事情，因为试图用浅显易懂的语言给孩子讲这些深奥的哲学命题，需要深厚的哲学功底和博大的人生智慧。

我找了很久，最后找到了《写给孩子的哲学启蒙书》系列读物，这是研究康德的法国国家哲学博士米歇尔·毕奇与一位 8 岁孩子的母亲碧姬·拉贝合著的一套帮助孩子们思考人生的工具书。同时，它也是为家长或老师们写的，是为解答他们的孩子或学生提出的人生问题写的。它成了老师、家长和孩子之间互相了解和沟通的桥梁。

正如这本书的译者所说，《写给孩子的哲学启蒙书》不是“纯粹”的哲学书。尽管书中哲学的思考遍及所有人生重大主题，比如生与死，比如幸福，比如善恶、美丑、对错，比如自由、公正、和平、时间、金钱，比如自豪和欢笑等，却没有任何难懂的哲学概念和哲学词汇。所有思想和哲学都融于一个个小故事里。

读完了这本书的第一章《生与死》，云舟说她明白了一个基本的道理：所有的生命既然有出生的那一天，便会有死亡的那一天，这是一个必然的生命旅程。“所以，林黛玉会哭泣着葬花，那是因为，她对那些美好而短暂的生命无比惋惜。”说完，云舟有些黯然神伤。

“是啊，美好的生命的逝去总是让人悲伤的，”我也很感慨，“但是，如果生命只有出生，没有死亡，那是一件很可怕的事。你想想看，如果是那样，盛开的花朵早已把树枝压断，天上挤满了各种鸟类，水中的鱼儿在为争夺地盘打个不停，那这个地球就距离灭亡不远了！再比如我们人类，如果慈禧太后不死，那么到今天或许我们还留着小辫子，裹着脚，那真是不敢想象啊！因此，任何一种生命的死亡其实都是推动世界向前的必然选择。只有一代代衰老的生命走向终点，一代代新生的生命茁壮成长，世界才会向前发展，才会进步！”

“也对啊！那么，怎样的生命才是有意义的呢？”云舟陷入沉思中。

“这个问题问得好！自古以来，我们不停地探寻着让生命延长的方法，从古代人熬制仙丹到今天的医学已经能把人的寿命延长几十岁。但是我认为，如何让人有限的生命变得更有价值，才是最值得我们思考的问题。”

我告诉云舟，从生到死，我们每个人都会在地球上留下一些痕迹，例如屈原留下了《离骚》，李白留下了《蜀道难》，曹雪芹留下了《红楼梦》，虽然他们早已离去，但是他们和他们的作品一起永久地留在了炎黄子孙的心里。

所以，你的生命有何意义，将取决于你曾留下过怎样的痕迹。如果你曾经奋斗过、努力过、坚持过，如同《解忧杂货店》里的那位小城音乐人，最终留下了让自己满意的痕迹，即便没有取得世俗意义上的功成名就，也是有价值的一生。

战争与和平

战争与和平是文学的一大永恒主题。在文学作品中，战争的残酷无情，它对生命的涂炭、对世界的摧毁让人触目惊心。《战马》中乔伊和阿尔伯特因战火而颠沛流离，《安妮日记》中的小女孩安妮·弗兰克和千千万万名犹太人一起被纳粹迫害，暗无天日，《飘》中的斯嘉丽在南北战争中失去家园、失去亲人、流离失所……生于和平年代的云舟每每都被那些故事和情节震撼不已。“人类为何要发动战争呢？”这样的问题她问过不止一次。

读完《写给孩子的哲学启蒙书》中的篇章《战争与和平》，她说：“原来，战争就是人们利用武力来获取想要的东西，是人类在原始生活状态时的一种本能行为啊！”

“是啊，在你读幼儿园的时候，小朋友们常常为了争某个喜欢的玩具而打起来，这就是人本能地在用武力解决问题。”我与她讨论起来，“直到人们建立了国家，组建了警察队伍，缔造了法律，才开始用国家力量、用规则来建立秩序，避免用武力解决一切问题。”

“可是，既然战争如此残酷，会让那么多人失去生命，为何还有一些国家要发动战争呢？”云舟问道。

“是为了利益。”我思考了一下，回答道，“中国著名的史学家、文学家司马迁在《史记》中曾写道，‘天下熙熙，皆为利来；天下攘攘，皆为利往’。为了利益，具体来说是为了某块领土，为了某个金矿等，是国家之间发动战争的根本原因。”

“那么，有哪些办法可以阻止战争，建设和平呢？”云舟思考起来。

“和平并不是唾手可得的，需要我们每一个人付出努力。中国古语说，‘天下兴亡，匹夫有责’。建设和平并不只是国家的任务，需要每一个普通人的参与和付出。”我引导云舟，“你看，书中写了法国人是如何铭记历史、不忘战争、建设和平的。我建议，你也可以想一想，你作为一名小学生，可以做哪些事情来为建设和平尽自己的一份力。”

在上网查阅资料、和同学们热烈讨论后，云舟写了一个《和平建设倡议书》：

今天的和平可能不是永远存在的，需要我们每一个人有所作为、有所贡献，才可能将今日的和平维持下去。我倡议，我们作为小学生，可以做到如下：

1. 勇敢地对校园霸凌行为说“不”。让我们从小学会不用武力解决一切问题，当别人在校园滥用武力时，我们不能熟视无睹，不能忍气吞声，要通过各种途径解决问题。我们首先要建设校园和平。

2. 认真上好每一堂历史课。我们应该了解历史，认真思考战争的起因和给人类带来的灾难。我们应该积极讨论，如何不让战争的悲剧一次次重演。

3. 在休息日时，放弃一些娱乐活动，参观历史博物馆。让我们听一听那些似乎已经离我们很远却真实发生过的历史故事，让我们的心灵接受一次洗礼。

4. 在每年的 9 月 3 日中国人民抗日战争胜利纪念日和 12 月 13 日南京大屠杀死难者国家公祭日，让我们积极参加各种纪念活动，例如网上献花、留言，有条件的同学可去烈士纪念碑扫墓。让我们勿忘国耻，铭记历史。

后来，云舟写了一首诗，表达她对战争的思考和控诉。

那间永远洁白的教室

曾经
蓝色的海岸，
萤火虫点亮了明灯，
孩子们的欢声笑语
谱成最美的乐曲。

有一天，
子弹如同雨点拍打窗棂，
战斗的硝烟
让曾经蓝得发黑的天空再也不见了明月和繁星，
那洁白教室里
再也听不见琅琅读书的乐音。

一间洁白的教室，
一个没有地雷碎片的草地，
还有一张全家人坐在一起的合影，
是战火中孩子唯一的梦境。

可是，
那洁白的教室
早已从地平线上消失，
那绿茵茵的草地
早已不再是欢声笑语的天地。
那张圆桌
也早已不见了踪影。

孩子们如同在漆黑的夜里，
总是找不到一盏为她们而亮起的明灯，
只有
那间洁白的教室，
永远留在了她们的梦里。

幸福与痛苦

读完《红楼梦》，云舟自言自语道："林黛玉生活在那么美的大观园里，每天锦衣玉食，要是我肯定高兴还高兴不过来，可她为什么常常落泪？"

"可是你看，苏东坡一生颠沛流离，最后被贬到海南，他却始终活得有滋有味、快快乐乐！这又是为什么呢？"我启发她道。

“那是因为他们一个觉得自己很不幸，一个觉得自己很幸福。”云舟想了想说，“不过，到底什么是幸福呢？”

“在人们还没有解决温饱问题的时候，可能会觉得，拥有了很多物质便是拥有了幸福，但是，当人们解决了生存问题后，幸福在每个人的心中都会有不同的定义。”我分析道，“我个人认为，幸福的一个至高的境界就是苏东坡笔下的‘人间有味是清欢’。台湾作家林清玄先生曾这样解释‘清欢’：‘清欢是生命的减法，在我们舍弃了世俗的追逐和欲望的捆绑，回到最单纯的欢喜，是生命里最有滋味的情境。’例如，当我们坐在山顶，品着清茶，望着山下松涛起伏，放空自己，这就是一种清欢、一种幸福啊！你想一想，你有没有经历过这样的时刻呢？”

云舟说：“我想起了这个寒假我们去台湾的一个片段。那天晚上刚到台北，天色已晚，空中下起了绵绵小雨，一转头，我发现街角有一处冒着浓浓雾气的豆浆店，店面不大，却是满满的家的氛围。在老板娘亲切的招呼声中，选择一个小小的木凳坐下，要上一杯浓稠的香气四溢的豆浆，再从高高的蒸笼里取些冒着面香的蒸饺和烧卖。我选了一个靠窗的位置，听着店里大声交流的台湾话，再隔着雾气望着窗外霓虹闪烁的街道发呆，细听摩托车溅起水花的声音。我托着下巴，细细地听着周围的所有声音，感觉空气很浓、很浓，浓得化不开。这大概就是清欢的滋味吧。”

“所以，幸福往往就是我们内心的一种感受。”我告诉孩子，

“只要你在岁月中保有一颗热爱生活、热爱大自然的心灵，保有一双善于发现美、捕捉美的眼睛，哪怕经历再多风雨，你也能常常感到幸福的存在。”

“那么，幸福的人就意味着没有痛苦了？”云舟接着思考。

“当然不了，幸福的人在于他们拥有一种能力——化解痛苦。”我看着云舟的眼睛，握着她的手，认真说道，“就像书中所讲的，很多痛苦都是不可避免的，是我们生活的组成部分，例如亲人去世、考试失败等等，但是幸福的人懂得应该如何去面对和化解这些痛苦。他们会找朋友和爱人倾诉，会做一些事情转移注意力，会想办法重新努力。他们不会让那些痛苦把自己封闭起来，让自己走不出去，这便是他们能成为幸福的人的重要原因。宝贝，我希望你能拥有化解痛苦的能力。”

云舟慎重地点了点头。

前一段时间，云舟读完了《苏菲的世界》，想把它推荐给高年级的同学。这是一部关于哲学的启蒙小说，通过哲学家阿伯特写给苏菲的信，作者介绍了西方哲学思想的基本发展历程和几位大哲学家的主要思想，让孩子得以全面了解哲学的智慧。在书中，作者强调，哲学的意义和作用在于对未知事物的无限探索。哲学家就像一个纯真的孩子，永远对世界保持好奇心。随着年龄的增长，我们每个人的好奇心正在一点一点地流失，而哲学就是让你重新启动好奇心，重新去发现这个世界上与众不同的东西，重新思考那些“本就如此”的事物之后的本质。

对于少年来说，学习和讨论哲学的过程，就是培养自己的批判性思维和思辨能力，学会站在不同的角度看待问题，对所经历的事件进行反思的过程。

总之，孩子们所提出的哲学性质的问题关乎他们的人生观和世界观的形成。如果家长能认真地思考，严肃地与他们进行讨论，就可以塑造一个纯净而高贵的灵魂，一个真正深刻的人。

科普书：
在孩子心中种下科技的种子

《态度》是硅谷投资人吴军老师写作的一本书，书中收录了他写给两个女儿的 40 封信，对女儿成长过程中面临的各类问题给出了诚恳的建议。其中的一封信专门向女儿阐述了“为什么要读非小说类名著”这个问题。信中这样写道：“仅仅阅读小说，甚至一些严肃的期刊还远远不够，我觉得是时候让你读一些非小说类名著了。”接着，作者举了一个自己的例子：“我对最新科学的兴趣，在一定程度上是因为读了霍金的《时间简史》，它让我对宇宙大爆炸理论有了更全面的了解。”所以，吴军老师建议自己的女儿涉猎一些科学类的书籍。

统计数据显示，目前中国中小学生阅读的图书 90% 以上为故事类、文学类图书，而美国学生的非虚构类图书（科技、百科、传记类）和虚构类图书（小说、故事）的阅读比例为 1:1。在本书第一章中，我曾谈到，中国学生与美国学生的差距，表面上看是思维、视野、见识上的差距，其本质是阅读数量和质量的差距。只有给孩子们补齐“科技阅读”这块短板，才能为中国学生建立起更宽厚的知识架构，才能让他们在未来的国际社会具有更强大的竞争力，才能让他们成为真正的世界公民。

对于此观点，王煜全先生表示赞同："当下中小学的科技教育有个很奇怪的现象——科技在中国的中小学里是一项特长，甚至可以为升学加分，但是，了解前沿科技必须成为中国学生的基本素养，他们必须具备创新力。"

王煜全是《全球风口》的作者，"得到"App 上拥有 9 万付费订阅用户的全球科技趋势洞察专栏《前哨·王煜全》《全球创新 260 讲》的主讲人，海银资本的创始合伙人。多年来，他一直致力于投资全球黑科技，自称全球科技的前哨侦察兵，被罗振宇誉为中国第一位"科技思想家"。

作为一名父亲，王煜全一直提倡要让孩子们尽早接触世界级的前沿科技，不仅要让他们阅读相关科技图书和科技新闻，还要体验最新的科技产品，与全球顶级的极客和科学家互动交流，让他们从小养成前瞻性的视野和思维习惯，以及多元化的世界观。

用钢铁侠的故事点燃兴趣

曾经年少的我们是否都有过这样一个夜晚：在晴朗无云、空旷广漠的室外，我们抬起头，突然看见满天星斗、银河闪耀，很多奇妙的想法如流星般划过心底。深邃无边的宇宙，激发起了我们无限的想象。

但是很遗憾，今天的孩子因为空气污染，因为城市的拥挤，因为信息技术的便利，似乎只能看见那个“手掌”里的世界。好像宇宙再大，也不过就是在手中的屏幕里。

事实上，今天的世界正在进入大航天时代。2018 年 2 月 7 日，Space X（太空探索技术公司）的重型猎鹰可回收型火箭成功发射，带着炫酷的特斯拉电动跑车，奔向宇宙深处。随着 Space X 爆发性的影响力和私人航天的普及，越来越多的人开始关注航天航空领域。人类文明对于宇宙的探索，正在进入新时代。

除了 Space X, 美国很多研究机构、科技公司都在研究关注私人航天领域。例如，亚马逊创始人投资了蓝色起源太空商业公司，太空酒店 Bigelow Aerospace（毕格罗宇航）已经开始布局，大名鼎鼎的维珍公司也投资了维珍银河公司，以探索未来的太空商业模式。越来越多的科技公司不再满足于“低头看世界”，而是仰望未知的世界。

孩子们需要知道，如何更好地理解我们头上的璀璨星空，如何跟上勇敢探索者的步伐。

“航天是最让人兴奋的东西，美国 20 世纪 60 年代的登月激励了一代人去投身科技。探索宇宙是很崇高的事情，正等待中国的孩子们去做。而对航天事业的兴趣爱好是可以被激励出来的，是可以被培养的。”王煜全说。

他给孩子推荐了一本书——《硅谷钢铁侠：埃隆·马斯克的冒险人生》。这本书主要讲述了硅谷明星创业者埃隆·马斯克的传奇故事。他是一个现实版的“钢铁侠”，亲手把 Space X 的火箭送上了太空。他是一个相信自己能够改变世界的科技狂热者，也是一个会焦虑、会迷茫的普通人。在这本书里，我们将看到他怎样以一己之力创办了四家顶尖科技公司，并且在一次次失败中重整旗鼓，东山再起。

而他推荐这本书的理由是：埃隆·马斯克的四次创业，一次是网络支付，一次是宇航火箭，一次是电动汽车，一次是太阳能光伏产业。这四个领域，都是当前最前沿，也是最受关注的科技领域。这本书展示了这些领域的全貌，同时也讲述了马斯克怎样在完全不被他人看好的情况下，一步步走出一条全新的路。这无疑会激起孩子们对于前沿科技的兴趣，对于创新的憧憬与渴望。也许几十年后，他们就会成为下一个改变世界的人。

在这本书中，孩子们可以重点阅读埃隆·马斯克如何造火箭的故事：

马斯克从小就喜欢仰望星空，长大后一直觉得，他活着的使命就是拯救人类。他相信地球总有一天会面临大灭绝，而人类想要延续下去，就只能走出去，比如移民火星。所以，当他靠巨头收购自己的第一家公司 PayPal 赚了第一桶金后，终于向从小就无限向往的太空领域进军了。

可无论是具有基本常识的成年人，还是行业专家，无不认为发射火箭是国家的专利，是只有依靠国家力量才可以完成的大事业。马斯克希望他的尝试能让现在的人们重新找回对太空的兴趣，以及消失已久的探索精神。他希望能有更多人投入这项事业中。

然而，马斯克的火箭发射事业一开始就面临着各种困难，实际过程中的技术问题、越来越难以承受的高额成本，以及四面八方的负面舆论都让马斯克走得异常艰难。

他的火箭发射前后共经历了三次失败：第一次发射后第25秒，火箭发动机失火，失控落到了地面。第二次发射5分钟后，火箭爆炸了。第三次发射时，一级火箭和二级火箭撞到了一起。

第三次失败距离马斯克最初的目标已经过去了5年，创业资金就快要花光了，员工的信心也在一次次失败中被消耗殆尽。然而马斯克力挺下去，他在公众面前表示SpaceX计划用另一枚火箭尝试第四次发射，第五次发射也在紧密计划中。终于，2008年9月，SpaceX的第四次发射成功了。马斯克的坚持和持续不断的投入，终于得到了回报。

给孩子们讲这个故事，除了想激发起他们对于探索太空的兴趣，还想告诉他们，面对重重困难，马斯克从来没有畏惧不前，而是不断总结经验与教训，再次投入全部精力去完成那些看似毫无可能的任务。只有坚忍不拔，才有可能拥抱成功。

为他们开启智能时代的大门

我们生活在一个飞速发展的社会，如果我们的孩子不知道目前科技的变化、未来发展的走向，今后他们的路走起来会异常迷茫和艰难。对于目前炙手可热的大数据、人工智能等，每个孩子都应该有基本的了解，所以我向大一点儿的孩子推荐《智能时代》这本书。

《智能时代》的作者是吴军博士，他是著名的搜索专家，硅谷风险投资人。在这本书中，吴军博士主要讲了大数据和人工智能如何改变我们的生活。那些在过去被认为非常难以解决的问题，会因大数据和人工智能的使用而迎刃而解，比如解决癌症个性化治疗的难题。

吴军博士站在科技发展的最前端，看到科技是如何影响商业，如何改变未来的，所以他用深入浅出的语言，告诉孩子们在不远的未来，依靠科技的力量，我们的社会将变成什么模样。孩子们会发现，科技原来如此有趣。

孩子在阅读这本书时，会搞明白智能时代的基本原理，拥有放眼未来的视野。在第一台计算机被发明时，科学家已经开始考虑如何让机器拥有人的智能。直到大数据时代来临，这个问题才得以彻底解决。书中举了大量的例子，大数据已经从方方面面影响了我们的生活，未来还将影响更多。孩子们阅读这本书，会对智能时代有一个大致的了解，能够更加从容地走向未来。

书中多次提到，每一次社会的巨变都是科技推动的结果，“新科技 + 传统行业”这样的组合能够催发无数创新的产品。这本书会像一颗创新的种子，埋入孩子们的心田，激发他们对于未来的想象。

对于小一些的孩子，我推荐阅读《可怕的科学》这套丛书。前面介绍过的葛天宇同学说这套书是他从小的科学启蒙老师。这是一套百科知识类的少儿科技丛书，分为“经典科学”系列、“另类新知”系列、“经典数学”系列、“自然探秘”系列、“体验课堂”系列，涉及科学、数学、地理、人文、历史等各个领域。作者用幽默的文笔、生动的插图，为孩子们讲了很多有关科学的故事，让孩子们领略到“可怕的科学”其实最可爱。徐小平先生也把此书推荐给孩子们：“《可怕的科学》把对科学的探索以恐怖悬念、喜剧冒险的形式表现出来，以幽默搞笑的方式颠覆了说教式科普，在不知不觉间拉近了孩子与科学的距离。”

另外，《美国国家地理》（少儿版）、《神奇的校车》系列丛书都是非常好的科普图书，它们用讲故事的方式，把这个多姿多彩的地球用一幅幅珍贵传神的照片、一段段精彩的文字缓缓地展现在孩子们的面前，这对于拓宽孩子们的视野、让他们放眼看世界大有裨益。

科技启蒙的方法

除了科技阅读之外，家长还可以在孩子的科技启蒙上做哪些事情?

一、和孩子一起动手做实验

很多父母认为，科技启蒙和教育就是数理化的启蒙，是学校的事情，其实这个观念是有失偏颇的。为了让孩子对科学更有亲身感受，我们可以带着孩子一起在家里做一些小实验。不要认为做实验必须去实验室，其实，当我们在厨房做饭时，在浴室中打扫卫生时，或者在花园里种植花草时，我们都可以随手做一些有趣的小实验。我还记得小时候和小伙伴们一起做过制作苏打汽水的实验，那份惊喜现在还记忆犹新。

我给大家推荐《奇趣科学实验》—— 一本趣味实验科普书，书中收录了 80 多个小实验，比如用纸搭一座桥、用可乐造一个喷泉、让鸡蛋脱水、自制冰激凌、让花瓣呈现双色等等，所用到的材料也都是在生活中很容易找到的，操作过程也很简单。做实验可以让孩子初步积累最基本的科学知识和经验，还能在实验中开发孩子的观察力、动手能力，让他们逐渐形成对事物的自我认识和理解。

二、带着孩子去“科考”

世界是孩子最大的课堂。读完科普书后，我们要带着孩子去探索这个世界的神奇。让孩子参加一些科普工作者带队的户外探索活动，让他们闻到树叶的味道，听到风的声音，看到雷电的模样，摸到四季的容颜，让我们和孩子一起推开自然之门。

例如，我曾带女儿参加过布瓜老师组织的“红叶的秘密”自然课堂，在漫山遍野的红叶中仔细观察叶子的脉络，采集红叶做一份自然笔记，非常有趣。这样的“科考”显然区别于普通的游玩，孩子在大自然中释放着自己，同时又给自己不断“充电”。

三、鼓励孩子参加 STEAM 活动

近两年，美国一直在青少年中提倡和推广 STEAM 教育理念，STEAM 教育即科学（Science）、技术（Technology）、工程（Engineering）、艺术（Art）、数学（Mathematics）多学科融合的综合教育。STEAM 教育理念最早是美国政府提出的，鼓励孩子在这五个领域的综合发展和提高。它有别于传统的单学科、重书本，而是非常重视孩子们的综合实践。

因为未来需要的一定是拥有综合技能的复合型人才，例如，做一款产品，要求既要懂科技，懂用户心理，懂艺术，还要懂营销，所以只拥有单一技能显然是不够的。这就是 STEAM 教育推广的必要性。

我们欣喜地看到，中国对于美国 STEAM 教育的借鉴和引入发展很快。在很多学校以及校外，STEAM 课程正在如火如荼地开展，虽然和美国相比尚有不小差距，但是却已经为中国学生从应试教育的重压之下解放出来迈出了可喜的一大步。

例如，2017 年，王煜全带着自己的孩子和一帮孩子去观看了 RoboCup 2017（机器人世界杯）。2018 年夏天，他又带着孩子们

前往美国国家航空航天局（NASA），目的是在航天产业成为下一个发展制高点之前，让孩子们了解灿烂星空，认识无边的宇宙，在孩子们的心里埋下用科技改变世界的种子。接下来，他还想带孩子们去更多高科技公司，看看那些全球顶级的技术高手、设计高手如何工作，并让孩子们在高手的指导下动手做点什么。

说起中国的科技教育现状，王煜全很是焦虑："现在中国对孩子们的科技教育存在普遍误区——把教育和现实割裂了。因为这些年我一直在科技一线，所以很清楚地看到，孩子们所受的科技教育和现实没有任何关系。很多学校也在做创客比赛，做机器人比赛，但和真正的科技产业是脱节的。现在的科技变化越来越快，如果孩子们还是去学那些已经过时的知识，未来会被迅速淘汰。"

王煜全提出了他的解决办法："我提倡要回归学徒制，让孩子真实接触科技产业，了解科技是怎么用的，而不是把它当成一门孤立的课程来学习。"具体的方式是，让孩子们去参观真正的科技公司，看看一流的创客们是怎么工作的，他学的才会多。

"不能把孩子当孩子，现在很多孩子懂的比家长多，比老师多。他们的视野和见识已经超出了我们的想象，所以就应该让他们接触最真实的东西，给他们配备更多的资源。"

少年是未来的真正主人，他们理应有更多的梦想，创造更多的奇迹。他们属于未来，所以，他们必须看见未来。

热爱阅读是培养历史观的基础

悦读会是我们几位爱读书的妈妈和孩子们时不时搞的一个小聚会，我们每次让一个孩子分享一本最近自己在读的好书，然后大家一起讨论。4 月的一个周日下午，春风和煦。在小区的花园里，我们几位妈妈和孩子在新绿的草坪上铺上了野餐毯，摆上了各色零食饮料。孩子们围坐一圈，家长们也在一旁席地而坐。悦读会就这样开始了！本次我们的主题是“读一本历史书”。

虽然小学课程中尚没有开设历史课，但许多教育专家和有眼光的父母都认为，孩子从小阅读一点历史书是非常有必要的。历史是人类最宝贵的智库，阅读历史，孩子们不但会收获具体的历史知识，还能涉猎考古学、生物学、经济学、宗教、社会学等多学科知识，从而培养放眼全球的视野，提高人文素养，最终形成多元化历史观。

学校课本上的知识是有限的，用广泛的阅读打造少年通识课体系，进而建立起广博的思想体系和认知体系，已经成了不少家长、老师和优秀学生的共识。

历史小书单

对于小学中低年级的孩子，我推荐《历史大冒险》这套丛书。这是云舟小时候最爱读的一套历史绘本，她曾向很多同学推荐过。这本书最新颖、最吸引孩子的是，用第二人称写作，让孩子成为故事的主角，走进特定的历史时期，和其他历史人物一起去亲身体验历史中的风风雨雨。小读者们一会儿穿越到公元前 1500 年的埃及，成为成千上万名被迫修建金字塔的人中的一员；一会儿又变身为公元前 5 世纪中叶生活在希腊雅典城外的一个小男孩，在父亲的安排下接受艰苦的体育训练，以准备参加奥运会；然后又变身为中世纪末期的一个小男孩，梦想着成为一名高贵的骑士，拥有亮闪闪的盔甲和令人赞叹的战马；一会儿化身为一名名为普莉希拉的女士，在 1620 年踏上了美国历史上著名的"五月花号"之旅，渴望去新的世界开创新生活；一会儿又变成 19 世纪末期在英国暗无天日的煤矿里劳作的童工，生活充满艰辛，险象环生；或是变身为生活在 1942 年的一位极地探险家，即将登上开往南极的探险船，迎接他的将是充满风暴的未知旅程……孩子们就像是走进了绵延不断的历史 3D 电影，体验着充满惊险、刺激、挑战的人生，这样讲故事的方式能极大地激发起孩子们阅读历史的兴趣和探究历史的好奇心。

《上下五千年》是我向小学生推荐的一套必读好书。华夏五千年的文明历程，是每一个炎黄子孙的骄傲，每一个中国孩子都理应知晓。著名教育家林汉达先生做了一件特别了不起的事情，他把中国的历史用一个个小故事给孩子们讲出来，我们这一代人都是看着这本书长大的，书中那些历史故事——盘古开天地、女娲补天、秦始皇统一中国、勾践卧薪尝胆……滋养了一代人的童年，所以，这样的经典理应传承下去。让我们的孩子走进中华民族五千年的灿烂文明，让他们知道，在我们的历史中，有老子、孔子、孟子、韩非子这样杰出的思想家、教育家；在我们的历史中，有岳飞、戚继光、文天祥、郑成功这样的民族英雄；在我们的历史中，有祖冲之、张衡、沈括、宋应星这样的科学家……他们为我们留下了宝贵的精神财富，他们为中国的历史画卷增添了浓墨重彩的一笔。

《人类简史》是北京的一些重点中学里每个学生人手一本的“另类”历史书。它是以色列历史学家尤瓦尔·赫拉利的代表作，自出版以来风靡全球。和以往的历史书主要关注人物和事件不同，《人类简史》仿佛是站在卫星上来看待人类的历史发展进程，关注人类社会的整体演变，从几百万年前人类诞生说起，人类从猿猴进化，经历了认知革命、农业革命、科学革命，发展到今天，成了自己的上帝。

这本书站在很宏观的高度，给读者介绍人类的过去、现在和未来。这样的大历史观会给孩子一个很开阔的视野，跳出现有的时间、空间、种族、国家等约束，来看作为自然的人是如何一步步从非洲角落一个毫不起眼的族群，慢慢地登上生物链的顶端，最终成为地球的主宰。孩子们读这本书，会增长见识，使他们形成更宏大的视野，学会不再只从当下来看问题。

这本书打破了以往历史学科的很多观点，比如作者坚信，人类在采集时代比农业时代快乐得多。这些新颖的观点会激励孩子从不同的角度去思考问题。所以，在读这本书的同时，孩子们不但会收获具体的历史知识，还会收获创新思维、辩证思维的科学思考方法。

“我最喜欢读的是历史书籍。”黄骏崧告诉我。他是一个历史小达人，是北京中学九年级的学生，他从小便少年持重、很有思想，说起话来常常引经据典。他在三年级时便读完了历史题材的小说《隋唐演义》，五年级毕业时因品学兼优被选拔至北京中学，俨然一个“别人家的孩子”。

他列出了已经读过的书单：

《隋唐演义》

《三国演义》

《中国简史》（吕思勉著）

《BBC世界史》（*A History of the World*，安德鲁·玛尔著）

《最早的中国》（许宏著）

《统一与分裂》（葛剑雄著）

“最近，我对考古学产生了浓厚的兴趣。”在本次悦读会上，黄骏崧兴致勃勃地告诉大家，“这可是一门连接着历史和未来的学科，非常神秘、非常有趣，而且，我还参加了学校的社团‘考古文博社’。我们与北大考古文博学院联谊，组织同学们参观了很多有关考古的展览，例如最近我们参观的北京大学赛克勒考古与艺术博物馆的‘寻找致远舰’水下考古展，真是让我们大开眼界啊！”

他给孩子们推荐了一本非常有趣的《与废墟为伴》，它可以帮助大家了解真实生活中的考古学家是如何工作与生活的。这本书是美国的一位名为玛丽莲·约翰逊的著名杂志主编，以随行记者的身份加入一支考古队伍后写成的。这位女士和考古学家们一起深入考古发掘现场，记录了大战蚊虫时的惊险、找到文物后的巨大喜悦，还有遇到各种困难时的勇气。其实，考古学家的生活并不像美国大片所演的那样惊心动魄，很多时候都是平淡无奇、枯燥乏味的。考古学家普遍收入不高，常常面临项目经费不足、无法继续的问题，甚至失业。那么，到底是什么支撑着考古学家对这份职业的热爱？是他们对于历史意义的信仰。他们相信，只有重现过去的真相，积累知识，人类才能应对未来。亲手修复破碎的文明，重新找回被遗忘的传说，为那些被埋葬了千年的历史重新注入生命，这些行为本身，就是对考古学家最大的奖赏。

在这些有趣有益的历史书中，孩子们会发现，历史不再是课本中那些需要死记硬背的年代、人名、地名和事件，而是一个个鲜活的历史人物在运筹帷幄，在慷慨悲歌，在指点江山。在时间的长河里，古今多少事，都付笑谈中。

阅读历史的方法

一、学用批判性思维

“对于这些大人们都觉得很有难度的历史书，你是用什么方法来阅读的呢？”我对黄骏崧提了这个问题。

他的回答是，他的阅读方法是对关键性句子进行质疑，例如在《中国简史》中，作者把我们惯称的‘新石器时代’称为‘皮革时代’，他对此有些疑问，于是便自己上网、去图书馆搜索资料来进行验证，最终证明了‘皮革时代’这个结论是成立的。这个求证的过程实际上就成了锻炼批判性思维、提升能力的过程。

批判性思维倡导不迷信权威、不盲从，体现为反思和质疑。在美国的中小学中，学习历史最常用的方法是批判性思考。而在中国学生传统的历史学习中，最常用的方法是背诵和记忆，除了背朝代名、人名、地名、时间，还要背结论、背意义。学生更像是一台记忆机器，很少有自己的独立思考。这样的思维方式显然不能适应未来对于他们的要求。

我们欣喜地看到，随着新课程改革的推进，“一言堂”“满堂灌”等传统方式已逐渐改变。历史课程目标明确提出，“通过对历史现象与历史事件的分析、探讨，帮助学生形成课程标准要求的历史认识，进而形成正确的历史观、价值观”。历史老师开始注重引导学生主动去发现问题、提出问题、思考问题并解决问题。

父母在孩子阅读与历史有关的图书的时候，可以给他们一些启发，和他们一起讨论一些有争议的问题，有意识地去培养孩子的质疑能力和反思能力。例如，读了《三国演义》，我们可以和孩子讨论一下，曹操到底是好人还是坏人，是英雄还是枭雄，如何评价他的功与过。看完《中国历史故事》，如何评价秦始皇，他到底是一个明君，还是一个暴君，是否赞同书中作者对于秦始皇的评价。

这样的问题是没有标准答案的，“横看成岭侧成峰，远近高低各不同”。站在不同的时代，站在不同的角度，对同一个历史人物或历史事件会得出截然不同的结论，而孩子在此过程中锻炼的批判性思维才是最大的收获。

二、和孩子一起看历史题材的电影

看历史题材的电影是学习历史的一个好方法。在电影里，书本中的历史人物变得有血有肉、栩栩如生，书本中的文字化为精彩生动的电影故事，历史在孩子的心里立刻变得立体起来、有趣起来。《建国大业》《辛德勒的名单》《孔子》《至暗时刻》《美丽人生》《敦刻尔克》《三国》……这些优秀的历史电影为孩子打开了一扇扇通往历史世界的大门，带领他们进入特定的历史场景，帮助他们理解历史风云背后的人物和故事，加深他们对于人性的理解。

而我们家长可以做的是，为孩子选出适合其观看的优质历史电影，和他们一起观看，并和他们一起讨论观后感。

三、走出去学历史——阅历课程

黄骏崧介绍说，自己所在的中学也在组织同学们做类似考古学家的工作。“例如，最近一年，北京中学组织了系列‘中华文化寻根之旅’。我们已经去了河南、四川、泰山、江南地区，不过，可不要以为我们出去是游山玩水的，我们是去做研究项目的。我们的工作流程是：组成课题组，做项目大纲、调查问卷，去当地采风，根据采集的资料进行编辑，回到学校做报告、公开演讲，这其中的每一个环节对于我们来说都是不小的挑战。

“目前，我们团队已经完成了两个报告。第一个报告是《江南园林的建筑风格、装饰风格与江南历史发展之间的关系——以拙政园为例》，第二个报告是《泰山为何会吸引历史上如此多的帝王将相和文人雅士一游》。”

在这个过程中，每个同学都开始学会如何多维度地去分析历史问题，最终形成对历史更全面、更深刻的认识，形成自己的历史观。这种学习方式被称为“阅历课程”。目前，这样的“阅历课程”在北京的很多中学开展起来，这对于增长孩子们的见识，开阔他们的视野，增加他们的人生阅历，从而提高他们的综合素养无疑是大有裨益的。

历史照亮人类未来

“关于考古学家的传奇故事，我就先讲到这里了。”黄骏崧讲完《与废墟为伴》中的精彩内容后，孩子们长时间地热烈鼓掌，他们的眼里闪动着晶莹的光芒。“然后，我想和大家一起讨论两个问题：第一个，如果你是个考古学家，你最想去哪个地方考古呢？”

“我想去金字塔。”一个小男生喊道，“我要去‘亲自’考察一下，那些金字塔到底是不是外星人修建的。”家长们都被“亲自”二字给逗乐了。

“我想去东非，我想去考察一下人类的发源地是否真的在那里。”一个女生说完，大家纷纷叫好。

“第二个问题，如果你是一名考古学家，也面临资金短缺的困难，你如何解决？”孩子们立刻七嘴八舌地讨论开了。几分钟后，一个小男生说：“我会去找一个富有的企业家，跟他说，我们的考古工作多么有意义，然后拿出我们的考古计划，请他资助我们。”一个女生说：“我们会去找专业的公益基金会，请求他们的帮助。”大家都纷纷鼓起掌来。

在樱花树下，孩子们热烈的讨论还在继续……历史是照亮人类未来之路的智慧之光，能帮助孩子们看到过去，也能帮助他们看见未来。而学习历史和考证历史的过程，正是锻炼孩子们的独立思考能力、批判性思维、团队合作能力的极好方式。

旅行与读书，
都是认识人生

在云舟房间的墙上，挂着一张手绘的世界地图，上面画着大大小小的红圈圈，那是她为自己去过的地方做的标记。在她的桌上放着一本手账本，里面贴着她为每一个所到之地写的诗、画的画、拍的照片，是一本摄影集 + 诗集 + 散文集，非常美丽。

她把这个手账本视若珍宝。“只要学习累了，我就会拿起手账来翻一翻，看着那些诗和远方，我的心就仿佛变成了一支羽毛，从作业本中飘了起来，从现实中飘了起来，飘向了回忆！”

每年的寒假和暑假，读世界便是云舟与家人、同学一起学习的必修课。“传统的童蒙教育，以识字读书明理为主，实践与探索的培养相对薄弱；过分注重德育，在批判性思维与想象力的培育方面不足；强调成人世界的规训，缺少对儿童心理与性灵的关注理解。而山川大地，是对孩子心灵的最好滋养。”中国社会科学院历史研究所雷博博士这样认为。

所以，让孩子多读一些关于世界各地风土人情的书，再带着孩子去亲身感受书中记录过的地方，能够在很大程度上弥补传统教育的不足，帮助孩子建立起对这个世界的感性认知，更能打开孩子的视野，让孩子在读书与旅行中看到世界的多样性，领悟到人生的多样性，让孩子拥有多元的价值观。

50 个梦想

云舟认识这个世界是从《人一生要去的 50 个地方》开始的。

这套书是我多年来反复阅读的书之一，书中为读者推荐的 50 个地方，绝对是很多人一生的梦想。它们来自美国《国家地理·旅行家》杂志，是一群旅行家的最终选择，或者说，是他们刻骨铭心的片段记忆。

风光旖旎、包罗万象的旧金山，成了三毛半生乡愁的撒哈拉，离天堂很近很近的希腊小岛，隐居山野、简单舒适的传统日式旅馆，瞪羚们奔跑欢腾的非洲大陆，让时间感到敬畏的金字塔……这一切的一切，均用精美的图片、翔实的数据和典雅优美的文字为我们一一呈现。它们无不告诉着我们，我们所居住的这个星球是多么神奇多姿，多么值得人去热爱和珍惜。

所以，我把这套书推荐给女儿，希望她的眼睛和心灵能够从童年起，就跨越日常的琐碎庸常，踏遍地球的千山万水，看见诗和远方。关于阿尔卑斯山，书中的描写让人神往：

> 一说到山，信手拈来现成的词就是“青山”。在大多数人的经验里，但凡美丽的山，必然是满身一色的青翠。阿尔卑

> 斯山却是独树一帜，绵延不断的山峦间满眼扑来的都是目不暇接的五颜六色，漫山遍野童话世界般的花团锦簇，生动得让人呼吸停滞……

这些清新优雅的文字，点燃了孩子对于这个世界的向往和想象，也在潜移默化中不断提升着她的文学素养。我俩一边读，一边相约，一定要用我们的一生，一起踏上书中的这些神奇之地。

几年后，当我们一家真的来到阿尔卑斯山山麓，看到远处闪闪发光的雪峰，仿佛置身于绵远不断的画卷。云舟不由得感叹："这一切比书中的描写还要神奇啊！"在归途中，她奋笔疾书，写下了散文《我登上了欧洲之巅》。

> 清晨，我们坐着阿尔卑斯山独有的齿轨列车向雪山进发。高远的蓝天、晶莹的山峰、碧绿的草地，还有漫山遍野的牛羊、五颜六色的野花，这些在电影《音乐之声》中看了无数遍的美景，终于在我面前如画卷般徐徐展开，让人不敢相信自己的眼睛。我在想，在这两千多米的高山上，这些牛羊就没有高原反应吗?
>
> 我们到达了山顶，来到户外，终于看到了闻名世界的少女峰。它高耸入云，神秘莫测，让人心生敬畏。我一下子扑进雪的怀抱，少女峰的雪就如同她的名字一样，像少女般洁白美丽无瑕。我忘记了对高原反应的担心，尽情在她的怀里

打滚嬉闹。

哦，我忘了介绍了，现在海拔已经四千多米了，四周的群山上堆满了乳白色的积雪，这可能是我这辈子见过的最奇特的雪景了！站在悬崖边往下望，天哪！我现在比云朵还要高了！我居然在少女峰上看到了只有在飞机上才能看见的景观，真是让人赞叹不已。

回程的途中，夕阳给渐渐远去的少女峰蒙上了金色的面纱。山下炊烟四起，一座座小木屋里飘出食物的香气。在一个开满鲜花的小院子里，一家人正围坐在圆桌旁，一边品尝美味，一边大声欢笑。他们的生活如此简单宁静，让人羡慕。

——2015 年夏

这篇小文，让人联想到了陶渊明的那句“此中有真意，欲辩已忘言”。

在旧金山的愚人码头，夕阳醉人，晚风拂面，各种肤色的街头艺术家们随着音乐节拍尽情摇摆。云舟想起了书里的句子：“如果你还活着，旧金山不会使你厌倦。如果你已经死了，旧金山会让你起死回生。”她随即写下了诗作《海·梦》：

春风徐徐吹过
吹皱了碧蓝如玉的海面
也轻轻滑过我的梦乡

海上那只白白的小船
也许是我在梦中叠下的吧
它将载着我的诗驶向远方

此刻，我多么希望自己坐在那只小船上
看着天空中的朵朵云
和海鸥一起飞向天际
让清澈的海水掠过我的指尖
让醉人的春风吹过我的脸颊
天边夕阳的那片红
就是我梦中的瑰丽

那发光的晚霞
已经照亮了一个新的 dream
那湛蓝的大海
将映照出一个新的海梦

“人要诗意地栖居在大地上。”马丁·海德格尔这样说过。对于孩子而言，旅行，尤其是一场眼睛与心灵一起飞翔的旅行是“诗意地栖居”的最佳方式。

撒哈拉与金字塔

《人一生要去的50个地方》中的这样一段文字勾起了云舟对撒哈拉沙漠的遐想：

> 每个人都有过这样的年纪，茫茫世界处处是未知的旅程，怎么甘心做井底之蛙？但是，怀着浪漫梦想的人们从踏入撒哈拉的第一天就会发现，沙漠是个无关风月的地方，一切在它狂野的风沙面前都无奈地净化为一个最纯粹的信念：活下去。你也许最终会明白，这就是撒哈拉的游戏规则，先掠走你的一切，然后不动声色地教你学会人生：你可以满怀激情地想象，但是必须脚踏实地地生活。

随后，云舟找来了三毛的《撒哈拉的故事》，读得如痴如醉。读完其中的《沙漠中的饭店》，她躺在地上足足笑了三分钟，说："以后我去国外读书，也要开一个这样的中国饭店，我做的'中国雨'也一定很好吃。"读完《沙漠观浴记》，她乐了半天后说："看来我能每天洗澡，是多么幸运的事。"读完《素人渔夫》，她说要是自己用十二倍的价钱在吃自己卖出的鱼，还不得伤心死了。

读完整本书，云舟在阅读卡片上写道：

> 三毛，这位传奇的东方女子，因一张照片感应到了前

世的乡愁，便踏上了这片异乡的国土——撒哈拉。如梦如幻的海市蜃楼，迎面如雨的狂沙，焦裂的大地，向天空伸长手臂嘶叫的仙人掌，千万年前干枯的河床，深蓝到冻住了的长空……这一张张沙漠的图腾在三毛的笔下熠熠生辉。三毛的果敢、聪明、敢爱敢恨让人敬佩不已。

在她的文字中，我们看到了一个不一样的撒哈拉，一个有血有肉、有情有义的撒哈拉。

三毛就像一朵艳丽的仙人掌，盛放在了严酷的撒哈拉。她是那样热爱生活，在艰苦的大漠里，开“中国饭店”，用各式废弃材料把沙漠里的家布置得温馨美丽；她是那样达观开朗，和荷西一起笑对沙漠里的风风雨雨；她是那样乐于助人，对身边弱势的妇女儿童屡屡伸出友爱之手；她是一位罕见的女作家，用热情、天真和挚爱为世界谱写一段段传奇文字。

后来，读完《人一生要去的50个地方》中关于金字塔的篇章，云舟又对金字塔产生了浓厚兴趣。我便把吴军先生的《文明之光》推荐给她，那里面有关于金字塔的更为详尽的介绍。作者用很生动的比喻向读者展示了金字塔的伟大之处，还讲解了金字塔是如何建造的，甚至画图来说明，真是让人大开眼界。

本书还介绍了很多人类有史以来的文明硕果，比如兴衰沉浮的中国瓷器、欧洲文艺复兴时期的标志性建筑等等。云舟说，读完这本书，才明白金字塔原来不是外星人修建的，而是古代埃及人智慧的结晶；原来，每天我们都在用的瓷器曾在世界历史中起到过文化交流的重要作用；原来，大航海时代是因寻找香料而引发的……这个世界的古老文明真是令人赞叹，我们需要学会用开放的胸怀去了解各式各样的文明。

旅行与读书

云舟说，读了这么多有关世界的书，她最想给同学们推荐的是詹宏志先生的《旅行与读书》。

詹宏志先生是台湾重要的文化人物。他是计算机家庭出版集团与城邦出版集团的创办人，目前运营着台湾较大的门户网站和网购平台 PChome；他拥有超过 30 年的传媒经验，25 岁出任报社总编，创办了《计算机家庭》《数字时代》等 40 余种杂志，策划编辑超过 1000 本书刊。

在书中，作者回忆了年轻时十段精彩的异国旅程，每一次旅行都以书为缘起，用作者自己的话说，是一个“书呆子”的旅行故事。“你不是读懂文本，你是‘经历’了文本。”在这本书的自序中，他写道，“只有一个人生是令人不满足的，但我们诞生之际时空已定，这个人生也就跟着注定，还有什么方式能让我们扩大实体世界与抽象世界的参与，在我看起来，也许只有‘旅行’与‘读书’能让我们拥有超过一个‘人生’。”

詹宏志先生说："他兴致勃勃地对着那位未满二十的年轻自己叙述窥探他种人生的各色经历，至于那位年轻人是否有兴趣倾听，却也不再是他力所能及的事。"而云舟，这位未满二十的年轻人，却已被詹宏志先生的旅行与读书的故事深深打动：

Have a book——will fravel（读万卷书，行万里路）

詹宏志先生的《旅行与读书》是一本没有插图的游记，作者的旅行多因读书而起。由于尽信书本，也同时为他带来了许多意想不到的麻烦和惊喜。

这本书与其说是游记，不如说是一场酣畅淋漓的知识马拉松。作者带上了一本本书，将脚印印在了意大利、瑞士、印度、南非、巴厘岛、美国、日本、伊斯坦布尔……他将世界各地的风土人情描写得淋漓尽致，使我们仿佛穿越白纸黑字的书本，跟随着他，将脚印撒向天南海北，遨游世界。

我们时而在意大利托斯卡纳的街头寻找美食；时而来到瑞士雪山，经历着惊险万分的登山之旅；时而来到南非的草丛中，体验充满生命活力的萨伐旅；时而端坐在东京小野之郎的寿司前品尝人间美味。

这本书对我最大的影响用一句话来概括就是：读万卷书，行万里路。直到看了《旅行与读书》，我才真正领略这句话的含义。读万卷书，必须先有学识；行万里路，要有广博的见识。这本书带给我们的不仅有文字上的美好体验，还有视觉、心灵上的体验，让我们用心去感受沿途的美景。

在詹宏志先生精彩绝伦的文字中，我们会时不时地感到一股淡淡的乡愁。我知道，光看书本来获取知识是远远不够的，还需要通过行走去获取更广阔的视野和见识 。

在书本外体会别样的风景，在旅途中印证书中的文字，这将成为我们每个人最珍贵的人生记忆。所以说，读书与旅行是人生最美妙的事情。

做一回少年背包客

每个人在自己的年少时代都应该有一次做背包客的经历。不一定是像成年背包客那样，把目的地定在人迹罕至的雪山、湖区或是边陲小镇，可以约上三五个小伙伴，做一次自己定制的假期旅行，目的地可远可近，时间可长可短，关键是自己试着动手搞定旅行中所需要的一切要素，这本身就是一个综合素质提升的有效过程。

一、旅行前，自己做旅行计划

要想获得一次真正令人回味的旅行，需要做好充足的行前功课：做调研、定目的地、定时间、定路线、做行程表、做预算、订酒店、订机票、准备旅行所用物资……孩子们在动手学着完成这一系列杂事的时候，就是读世界的开始。

二、旅行中，学会自己面对和处理旅途中的所有问题

在旅行途中，可能会发生各种意外、各种风险，会有订不到的酒店，吃不上的饭菜，会有伙伴掉队，会有人生病，会磕磕碰碰……让孩子学习去面对这样的困难，去处理这些让人头痛的事情，在旅行中培养坚韧乐观的品质和团队合作精神，这是一门最好的成长课程。

三、旅行后，学会总结

在孩子们结束一段旅行之后，我们可以鼓励他们用文字、图画、照片的形式将自己途中见过的风景、遇到的难忘的人和故事记录下来并分享给更多的人，这无论对于他们自己还是他人，都是一件极具意义的事情。

哲学家圣·奥古斯汀曾说过："世界是一本大书，那些不旅行的人只读过其中的一页。"作家梁文道先生则认为"《旅行与读书》能让'世界作为一本大书'这个经典课题增加一个题解，那就是把世界看成是阅读的借口，于是旅行往往因读书而起，同时又成了读得更多的理由。世界因为我的阅读而存在"。

如果我们的孩子能够因为旅行而爱上阅读，如果他们能够因为阅读而爱上旅行，那么，世界在他们面前绝不再只是平日里白

纸黑字的课本中、试卷中所呈现的那般枯燥无味，而是一幅幅更加绮丽美好、亟待去探索的神奇画卷。他们的视野、见识、胸怀将被极大地拓宽，他们的想象力、创造力、好奇心将被极大地激发，他们的阅历也将在书中和旅途中不断丰富，拥有不止一个人生。